Hilfe, ich bin ein Mensch!

für
unsere Eltern
unsere Lebenspartnerinnen
unsere Kinder
unsere Nichten und Neffen
unsere Freundinnen und Freunde
gewidmet
der gesamten Menschheitsfamilie
in Hoffnung
auf eine menschlichere Welt

Deine Heldenreise

Die Reise beginnt … 6
1. Evolution 20
2. Soziale Wesen 41
3. Moral und Gerechtigkeit 68
4. Egoismus 93
5. Altruismus 123
6. Motivation und Anreize 158
7. Moderne Welt 182
8. Mindset 213
Am Ende steht der Aufbruch! 237
Literaturverzeichnis und Dank 244

*„Ich denke, unser Ziel
ist weder Utopie noch Dystopie,
noch Status quo, sondern Protopie.
Protopia ist ein Zustand, der besser ist als heute,
als gestern, auch wenn er vielleicht nur ein wenig besser ist."
(Kevin Kelly)*

Checkt das aus! Drei Gratis-Flüge nach „Protopia“! Das ist unsere Chance, die Mysterien des Menschseins zu entschlüsseln. Klingt nach einem spannenden Abenteuer, oder?
Mega! Ich bin so gespannt auf Protopia. Hab gehört, dort blühen die „Protopien“! Das sind Visionen, für die man definitiv keinen Arzt braucht! Auf zum Flughafen...
Na ja, hoffentlich gibt's dort auch was Vernünftiges zu essen. Wäre ja blöd, wenn wir in Protopia verhungern. Aber hey, solange die Reise nicht langweilig wird, bin ich dabei...
6

Fly Protopia Airlines!

„Ich denke, eine bessere Vision für die Ausrichtung unserer Bemühungen ist das, was ich ‚Protopia' nenne. Das heißt, die Idee, dass wir einfach nur versuchen, Fortschritte zu machen, uns in kleinen Schritten vorwärts zu bewegen, in kleinen Verbesserungen. Diese kleinen Verbesserungen summieren sich pro Jahr, und wenn sie sich über Jahrzehnte oder Jahrhunderte summieren, werden sie zu Zivilisationen führen." (Kevin Kelly)

„Jede und jeder von uns hat ein Menschenbild, und dieses prägt die Art und Weise, wie wir uns selbst, unsere Mitmenschen, unsere Gesellschaft und die Welt insgesamt wahrnehmen und beurteilen, ganz maßgeblich.“ (Michael Zichy)

Was ist eigentlich Dein Menschenbild?

Vielleicht ist es Dir aufgefallen: In Protopia wird „Du“ groß geschrieben. Aus Respekt vor Dir – und weil hier der Mitmensch im Mittelpunkt steht. Übrigens, bis 2006 wurde Du grundsätzlich groß geschrieben.
Was glaubst Du, wie der Mensch von Natur aus ist?
Der Mensch ist egoistisch und will die Konkurrenz ausstechen!
Ich glaube, Menschen sind von Natur aus eher gut und kooperieren gerne!
Gar nichts! Der Mensch ist bei der Geburt wie ein unbeschriebenes Blatt.
Menschen sind dumm, faul und haben doofe Ohren! Ist alles genetisch vorprogrammiert!
Ihr Menschenbild ist zu deterministisch für protopische Höhenflüge. Bitte QR-Code scannen!

Check Dein Menschenbild!

Dein Menschenbild ist der Startpunkt für unsere gemeinsame Reise, bei der es viele faszinierende Dinge zu entdecken gibt und die uns – wer weiß – nach Protopia führt! (Übrigens, Du erfährst mehr zum Konzept Protopia, wenn Du den QR-Code auf S. 11 scannst.) Seit Jahrhunderten ist die Frage nach dem Menschenbild eine der großen Debatten. Dabei kann man sehr grob – und stark vereinfacht – drei Richtungen unterscheiden:

Jeder Mensch hat sein eigenes Menschenbild

Wir können gar nicht anders, als unsere eigene Vorstellung von der Natur des Menschen zu haben. Sie bildet eine Art Richtschnur für unser eigenes Verhalten, prägt aber auch, welches Verhalten wir von anderen Menschen erwarten. Gehen wir automatisch davon aus, dass Misstrauen das Gebot der Stunde ist, oder schenken wir Mitmenschen im Zweifelsfalle erst einmal unser Vertrauen?

Bitte lass Dein Menschenbild nicht unbeaufsichtigt!

Auch wenn wir es nicht merken, so wie Fische Wasser nicht erkennen: Unser Menschenbild bestimmt viele Bereiche unseres Lebens. Zwei Beispiele:

- Wenn der Mensch von Natur aus eher egoistisch ist, dann sollte die Erziehung versuchen, diesem Egoismus Grenzen zu setzen und dem Kind die gesellschaftlichen Normen für unser Zusammenleben anzuerziehen. Wenn der Mensch aber von Natur aus eher altruistisch ist, sollte die Erziehung besonders darauf abzielen, die natürlichen Anlagen des Kindes möglichst frei zur Entfaltung zu bringen.
- Liebt der Mensch von Natur aus eher Konkurrenz und wird dadurch besonders motiviert, dann machen Schulnoten und jede Form des Wettkampfs Sinn. Wenn der Mensch aber von Natur aus eher kooperativ ist, dann hilft gemeinsames Lernen und können Schulnoten die Motivation vielleicht sogar zerstören.

Das Menschenbild ist Basis vieler Wissenschaften

Menschenbilder begegnen uns überall! Psychologie, Soziologie, Theologie, Pädagogik, Kriminologie, Rechtswissenschaft oder Wirtschaftswissenschaft und viele andere wissenschaftliche Disziplinen stützen sich auf bestimmte Menschenbilder. (Natürlich können die Menschenbilder dabei jeweils sehr unterschiedlich sein.)

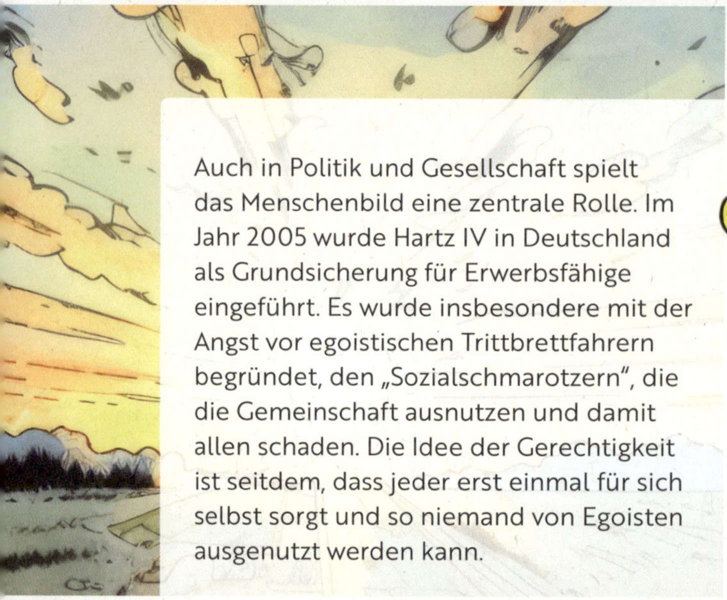
Auch in Politik und Gesellschaft spielt das Menschenbild eine zentrale Rolle. Im Jahr 2005 wurde Hartz IV in Deutschland als Grundsicherung für Erwerbsfähige eingeführt. Es wurde insbesondere mit der Angst vor egoistischen Trittbrettfahrern begründet, den „Sozialschmarotzern", die die Gemeinschaft ausnutzen und damit allen schaden. Die Idee der Gerechtigkeit ist seitdem, dass jeder erst einmal für sich selbst sorgt und so niemand von Egoisten ausgenutzt werden kann.

Wenn jeder für sich selbst sorgt, ist für alle gesorgt!
V.I.P. (very ignorant person)

Was für eine tolle Aussicht!
Diese Flugzeugkabine sieht seltsam aus...
Hoffentlich zeigen die einen guten Film!

„Letztlich gibt es nur wenige Vorstellungen, die die Welt so sehr beeinflussen wie unser Menschenbild."
(Rutger Bregman)

Willkommen an Bord von Protopia Flug 42.
Bitte lasst eure Sicherheitsgurte auch nach dem Start angelegt.
Wir erwarten systembedingte Turbulenzen ...
Ich muss auf's Klo!
Hallo?! Ich hätte gern noch einen Karotten-Gin...
SCHLACK!
Was ist das für ein Geräusch...?
WTF...?! Meine HALaddin-KI hat den Autopiloten gehackt und auf einen Börsen-crash von Protopia Airlines gewettet...

KA-BOOM!!
Eine unbekannte Investment-KI hat den Menschenbild-Prozessor unseres Autopiloten deterministisch übertaktet und eine Kette von systemischen Krisen ausgelöst…
Feuer dringt in die Kabine ein! Unsere Ideologie-Triebwerke drohen zu explodieren. Ihr müsst sofort das Flugzeug verlassen! Was passiert…?
Auf **Planet A** fragen die Menschen einander, ob alles in Ordnung ist. Personen, die Hilfe brauchen, werden vorgelassen. Menschen sind sogar bereit, ihr Leben zu riskieren, auch für Unbekannte.
Auf **Planet B** kämpft jeder für sich allein. Totale Panik bricht aus. Es wird getreten und geschubst. Hilflose Menschen werden einfach niedergetrampelt.

Leben wir auf Planet A oder auf Planet B?

Wir leben auf dem Planet der Altruisten.

Diese Frage, die der Historiker Rutger Bregman in seinem Buch „Im Grunde gut" zitiert, stellt der Sozialpsychologe Tom Postmes jedes Jahr seinen Studierenden. Anschließend klärt er sie über den Forschungsstand auf: Menschen zeigen sich bei Katastrophen außergewöhnlich hilfsbereit!

Ein Beispiel: Der Hurrikan Katrina, die verheerendste Naturkatastrophe in der Geschichte der USA, traf im Jahr 2005 New Orleans. Als anschließend zahlreiche Dämme und Deiche brachen, wurden große Teile der Stadt überflutet. Das Fernsehen brachte apokalyptische Bilder, die selbst spektakuläre Hollywood-Blockbuster in den Schatten stellten. Die Medien überschlugen sich mit Horrormeldungen: Von Raubüberfällen, Vergewaltigungen und Plünderungen war immer wieder die Rede. Von Schüssen auf Rettungshubschrauber. Und nicht zuletzt von zahlreichen Morden.

Die Gouverneurin des US-Bundesstaates Louisiana war zutiefst schockiert: „Am meisten erzürnt mich, dass solche Katastrophen oft die schlechtesten Seiten der Menschen offenbaren."

Um diesen unvorstellbaren Verbrechen ein Ende zu setzen, wurde der Polizei befohlen, sich ab sofort auf den Schutz vor kriminellen und mordenden Gangs zu konzentrieren. Deshalb wurden alle Aktionen abgebrochen, Menschen vor dem Ertrinken oder Verhungern zu retten. Die Wirklichkeit schien den definitiven Beweis zu liefern: Hobbes hatte Recht. Unter der dünnen Schutzschicht der Zivilisation lauert die mordende Bestie Mensch.

Und die Wirklichkeit?

Die Realität in New Orleans war jedoch komplett anders: Viele Medien gestanden später, dass Berichte über Vergewaltigungen und Gewalt sowie die Schätzung der Anzahl der Todesopfer falsch gewesen seien. Die meisten Menschen in New Orleans waren hilfsbereit und altruistisch, wie eine wissenschaftliche Untersuchung schlussfolgert und der offizielle Untersuchungsbericht bestätigt. (Übrigens haben Wissenschaftler generell noch eine Reihe weiterer Mythen entdeckt, die wir uns vom menschlichen Verhalten bei Katastrophen erzählen. Wenn Du mehr wissen willst, scanne am Ende des Kapitels den QR-Code!)

In Wirklichkeit wurde in New Orleans Tausenden Menschen das Leben gerettet. Meistens von Unbekannten. Aber die Überzeugung, der Mensch sei ein plünderndes und mordendes Monster, hatte tragischerweise zum Abbruch der Rettungsaktionen und damit vermutlich zum Tod Hunderter Menschen geführt.

„Nach einer Katastrophe zeigen oft diejenigen das schlimmste Verhalten, die glauben, dass andere sich grausam verhalten werden und dass sie selbst Schutzmaßnahmen gegen die Barbarei ergreifen." (Rebecca Solnit)

Entscheidung über Leben und Tod

Die Wirklichkeit der „Banalität des Guten" offenbart sich aber nicht nur in New Orleans. Immer wieder riskieren Menschen ihr Leben, um Unbekannte zu retten: Bei den Anschlägen am 11. September 2001, beim Attentat 2017 in Las Vegas, beim Amoklauf zwei Jahre später im neuseeländischen Christchurch oder beim Amoklauf in Wien. Nach der Nuklear-Katastrophe in Fukushima 2011 übernahmen viele ältere Menschen freiwillig die Aufräumarbeiten, obwohl es den sicheren Tod bedeutete. Die Liste der Beispiele lässt sich lange fortführen. (Später mehr beim Thema „Lebensretter" → S. 128 ff.)

Immer wieder werden die Rettungskräfte von der großen Menge freiwilliger Helfer überrascht. So boten am 11. September 2001 innerhalb weniger Stunden sage und schreibe 40.000 Ärzte ihre Hilfe an. Beim Erdbeben 1985 in Mexiko-Stadt halfen sogar 2,8 Millionen Menschen bei den Rettungsarbeiten.

„In Notsituationen kommt das Beste im Menschen zum Vorschein. Ich kenne keine andere soziologische Erkenntnis, die gleichermaßen sicher belegt ist und dennoch gänzlich ignoriert wird." (Rutger Bregman)

Und was denken die Studenten von Tom Postmes? „Ungefähr 97 Prozent glauben, dass wir auf Planet B leben. Aber tatsächlich leben wir auf Planet A." Also keine Sorge, wenn Du Dich getäuscht hast – Du bist nicht allein!

Protopische Erkenntnis

Menschen sind im Katastrophenfall oft außergewöhnlich altruistisch und kooperativ!

„Unter extremer Bedrohung ist Kooperation tatsächlich die Standardreaktion für die meisten von uns." (Bruce Perry und Maia Szalavitz)

Hand aufs Herz: Bist Du überrascht?

Wir sehen: Die Natur des Menschen und unser Menschenbild sind offensichtlich nicht nur ein Thema für gelangweilte Akademiker auf dem Höhepunkt ihrer Midlife-Crisis, sondern für jeden Menschen von lebenswichtiger Bedeutung. Sowohl im Alltag als auch in Katastrophenfällen:

„Was Sie glauben, prägt Ihr Handeln. Wie Sie handeln, entscheidet über Leben und Tod, für Sie selbst oder andere, genauso wie im täglichen Leben, nur noch mehr." (Rebecca Solnit)

Bereit für unsere protopische Entdeckungsreise?

Wir werden vielen spannenden Themen begegnen und verblüffende Antworten finden. Die Erklärungen sind möglichst kurz und klar gehalten. Wenn Du Lust hast, der aktuellen Forschung näher auf den Grund zu gehen, dann erkunde die protopischen Wissensquellen (altdeutsch: Fußnoten). Du findest sie vergraben im QR-Code am Ende eines jeden Kapitels.

Dort gibt's neben Wissensschätzen auch hilfreiche Wegweiser für Deine protopische Abenteuerreise (Brainfood, Videos und Leseempfehlungen). Außerdem kannst Du uns Feedback geben, Fragen stellen oder Erfahrungen teilen. Wer Lust auf weitere Überraschungen hat, noch tiefer in die Materie eintauchen und spannende Ausflugsziele entdecken will, scannt auch einfach den QR-Code. (Übrigens: QR-Code-Teilen macht Freunde!)

Du möchtest Dich schon mal warm machen für Protopia? Dann teste unsere praktischen Alltagsübungen zur Stärkung Deiner protopischen Hirn- und Herzmuskeln, die Du in vielen Kapitel findest. Auch die gibt's mithilfe der entsprechenden QR-Codes.

Beginnen wir am Anfang...

Teil 1: Evolution

Am Anfang unserer Reise blicken wir zurück auf die Evolution. Ist die Evolution das Ergebnis von Konkurrenz und Egoismus? Oder kann die Evolution uns auch etwas über Altruismus und Kooperation sagen?

[Der Altruismus stellte] „eine besondere Schwierigkeit dar, die mir zunächst unüberwindlich und für meine ganze Theorie sogar tödlich erschien." (Charles Darwin)

Egoismus oder Altruismus? Konkurrenz oder Kooperation?

„Die Kooperation war (...) über vier Milliarden Jahre der Meisterarchitekt der Evolution."
(Martin Nowak)

Altruismus und Kooperation sind in der Evolution besonders erfolgreich.

„Fressen oder gefressen werden." „Der Kampf ums Überleben." Im gnadenlosen Selektionskampf der Evolution scheint es selbstverständlich, dass jeder sich selbst der Nächste ist und sich radikaler Egoismus durchsetzt. Ganz in diesem Sinne argumentierte 1976 der Evolutionsbiologe Richard Dawkins in seinem Buch „Das egoistische Gen", das zum einflussreichsten wissenschaftlichen Werk aller Zeiten gewählt wurde:

„Aus den Mechanismen der Selektion scheint bei genauerem Hinsehen zu folgen, daß alles, was sich durch natürliche Auslese entwickelt hat, egoistisch sein muß. (...) Jedes altruistische System ist von Natur aus instabil, weil es dem Missbrauch durch egoistische Individuen offen steht."

Der Meisterarchitekt

Aber stimmt das wirklich? Inzwischen kann man dank leistungsstarker Computer diese Frage beantworten. Der Mathematiker und Biologe Martin A. Nowak entwickelte gemeinsam mit Karl Sigmund ein hochkomplexes Modell, das die Evolution simuliert. Was würde in der natürlichen Auslese erfolgreicher sein: Konkurrenz oder Kooperation? Egoismus oder Altruismus?

„Am Anfang der mannigfaltigen Fähigkeiten aller großen, vertrauten Lebensformen steht die Symbiose, die Neues schafft."
(Lynn Margulis)

Anfangs setzen sich im Computermodell die Egoisten durch und beuten die Kooperationsbereiten aus, bis diese bald vom Aussterben bedroht sind. So weit, so wenig überraschend. Aber was passiert dann? Plötzlich kehrt sich die Dynamik um, denn die Egoisten finden keine neuen Opfer mehr, während sich die Kooperativen zusammenschließen. Ergebnis: Die Egoisten sterben aus und die Kooperationsbereiten setzen sich durch.

Eine Strategie, die anfangs auf Kooperation setzt und dann einfach immer das Verhalten anderer Strategien spiegelt, heißt „tit-for-tat" („Wie Du mir, so ich Dir"). Lange Zeit macht diese Strategie das Rennen, aber am Ende ist eine Variante von tit-for-tat am erfolgreichsten, die egoistisches Verhalten auch mal verzeiht.

„Kooperations-, nicht Wettbewerbsfähigkeit ist der Schlüssel zum Erfolg der Evolution."
(Frans de Waal)

Kooperation ist Trumpf!

Auch weitere hochkomplexe mathematische Modelle kommen zum gleichen Ergebnis: Vor allem gedeihen Gruppen, die im besonderen Maß kooperieren. Die Vorteile durch Kooperation und gegenseitige Hilfe überwiegen für die Gruppe gegenüber den Nachteilen durch ausbeutende Egoisten.

Übrigens: Charles Darwin, der gerne als sprichwörtlicher Prophet des egoistischen Überlebenskampfes auf die Diskurs-Bühne geworfen wird, hatte schon damals etwas erkannt, was viele vergessen (oder überlesen) haben, die nach ihm kamen und sich ausdrücklich auf ihn berufen: die besondere Bedeutung von Altruismus in der Evolution.

„Wenn ein Stamm viele Mitglieder besitzt, die aus Patriotismus, Gehorsam, Mut und Sympathie stets bereitwillig anderen helfen und sich für das allgemeine Wohl opfern, so wird er stets über andere Völker den Sieg davontragen; dies würde natürliche Zuchtwahl sein." (Charles Darwin)

Protopische Erkenntnis

Die Evolution wird oft als klarer Beweis für Egoismus und Konkurrenz genannt. Aber in Wirklichkeit breitet sich in der Evolution besonders Kooperation und Altruismus aus!

Welche Fähigkeiten des Menschen sind der Hauptgrund für seinen Erfolg in der Evolution?

Kooperation und Altruismus sind entscheidend für den Erfolg des Menschen in der Evolution.

„Survival of the kindest" (deutsch: Überleben der Freundlichsten). So beschreibt eine eingängige Anspielung auf Darwin den Grund dafür, dass wir Menschen nicht ausgestorben sind, obwohl wir nicht besonders stark oder besonders schnell sind und eigentlich nur in der Mitte der Nahrungskette – irgendwo neben dem Hasen – stehen. (Übrigens: Die gesamte Menschheitsfamilie war zwischenzeitlich auf wenige Tausend Mitglieder geschrumpft und vom Aussterben bedroht.) Der Mensch ist von Natur aus aber mit einer Superpower ausgestattet, die in der Tierwelt vermutlich einzigartig ist: ausgeprägte Kooperationsbereitschaft und Altruismus. Es sind unsere Schlüsselfähigkeiten.

„Der Homo sapiens ist ein ultrakooperativer Primat."
(Michael Tomasello)

Der soziale Unterschied

Vergleicht man den Menschen mit seinen nächsten stammesgeschichtlichen Verwandten, haben die zentralen Unterschiede alle mit Kooperation und Altruismus zu tun:

- Menschen sind deutlich kooperativer und gerechter, wohingegen das Leben unserer engsten Verwandten von Konkurrenz geprägt ist. (Schimpansen jagen zwar zusammen, aber ohne gemeinsamen Plan und jeder will die Beute für sich allein.)
- Menschen können miteinander Ziele vereinbaren, Lösungen finden und (bei der Umsetzung) äußerst effektiv kooperieren. Menschenaffen können das nicht.
- Menschen haben einen scharfen Spürsinn und unheimlich gute Antennen, um die Gefühle ihrer Mitmenschen empfangen zu können. Diese Fähigkeit, intuitiv Vorstellungen zu haben, was im Kopf eines anderen Menschen vorgeht, nennt man in der Fachsprache „Theory of Mind". Kleinkinder entdecken schon mit drei Jahren, dass andere Menschen ihre eigenen Perspektiven haben (auch wenn das viele Erwachsene später leider wieder verlernen). Menschenaffen sind nicht in der Lage, auf diese Weise ihren Blickwinkel zu wechseln.

„Ohne die Fähigkeit, uns kognitiv und emotional in andere hineinzuversetzen, zu fühlen, was sie fühlen, sich für ihre Ängste und Motive, ihre Sehnsüchte, ihren Kummer, ihre Eitelkeiten und andere Details ihrer Existenz zu interessieren, ohne diese Mischung aus Neugier und emotionaler Identifikation mit anderen, eine Kombination, die zu gegenseitigem Verständnis und manchmal sogar zu Mitgefühl führt, hätte sich der Homo sapiens überhaupt nicht entwickelt." (Sarah Blaffer Hrdy)

- Menschen sind auch Meister im sozialen Lehren und Lernen. Wir können bewusst unser Wissen weitergeben und selbst aktiv lernen. Nur der Mensch kommuniziert, um etwas zu lernen. Menschenaffen lernen allein durch Nachahmung. Das ist der entscheidende Grund, dass Menschen Werkzeuge und Techniken immer weiter verbessern konnten.
  (Frag Dich mal, wie kompliziert zum Beispiel Bierbrauerei oder Weinbau sind. Das konnten Menschen schon 13.000 beziehungsweise 8.000 Jahre vor Erfindung der Youtube-Tutorials!)

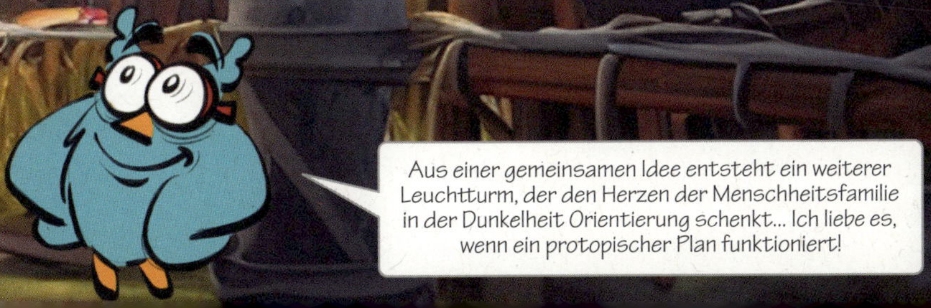

Das alles wird durch eine Fähigkeit erleichtert, die uns grundsätzlich von unseren nächsten Verwandten unterscheidet: Sprache.

Leuchtturm für soziale Botschaften

Der Mensch verfügt über einige Social Features, die Grund für seinen evolutionären Erfolg sind, die uns im wahrsten Sinne des Wortes ins Gesicht geschrieben sind. Alle stehen in direktem Zusammenhang mit sozialer Kommunikation und Kooperation:

Das menschliche Gesicht ist „ein Leuchtturm für soziale Botschaften". Im Vergleich mit unseren nahen Verwandten haben wir zahlreiche Gesichtsmuskeln, insbesondere um die Augen herum, kaum verdeckende Gesichtshaare und weniger Augenbrauen. Dadurch können Menschen ihre Gefühle blitzschnell und in vielen Facetten mitteilen – und umgekehrt auch die Gefühle ihrer Mitmenschen lesen. Eine besondere Rolle spielt hierbei unser Lachen und Lächeln.

„Der kürzeste Weg zu einem anderen Menschen ist das Lächeln."
(Martin Grunwald)

Schau mir in die Augen...

Faszinierend sind auch die Augen des Menschen: Von allen Primaten haben nur wir Menschen eine sehr gut erkennbare Ausrichtung der Augen (wegen der besonders sichtbaren weißen, äußeren Augenhaut). Und so individuell Augen auch sind, das Weiße ist immer eine feste Größe. Der Vorteil: Wir können durch Blicke und Blickrichtung sofort Gefühle und Informationen austauschen.

Von der Natur ist der Mensch also nicht nur zur Kooperation, sondern auch zum Austausch seiner Gefühle und damit auch zum gegenseitigen Verständnis bestens ausgerüstet.

Und die besondere Anlage zum Altruismus? Auf die kommen wir später an verschiedenen Stellen noch zu sprechen!

„Sich zu kümmern und zu teilen, bedeutet zu überleben."
(Sarah Blaffer Hrdy)

Sharing is Caring

Teilen macht Freunde! Teilen war eine ganz wichtige Überlebensstrategie und eine zentrale Verhaltensweise bei den Jäger-und-Sammler-Gesellschaften, die 98 Prozent der Menschheitsgeschichte die wichtigste Gesellschaftsform war. Den Nahrungsüberschuss gleichmäßig zu verteilen, ist von Vorteil für alle. Gerade in der langen Phase der Menschheitsgeschichte, in der Nahrungsvorrat schnell zu verfaulen drohte, weil es weit und breit keinen Kühlschrank gab. Denn wenn man selbst kein Tier erlegt hatte, hieß das nicht zwangsläufig, mit leerem Magen schlafen gehen zu müssen, denn vielleicht waren andere erfolgreich und teilten.

Protopische Erkenntnis

Altruismus und Kooperation sind die Schlüsselfähigkeiten des Menschen, über die wir von Natur aus in besonders hohem Maß verfügen. Trotzdem sind viele überzeugt, genau diese Fähigkeiten seien beim Menschen Mangelware.

Was erklärt die besondere Fähigkeit des Menschen zur Kooperation?

Die gemeinsame Betreuung der Kinder und die Jagd.

Schauen wir zuerst einmal auf die Geschichte der Menschheit. Das Zeitalter der Jäger und Sammler war besonders durch Kooperation bestimmt. Denn die tägliche Nahrung konnten Menschen nur gemeinsam finden. Tiere, die neben Früchten, Beeren und Nüssen meistens auf dem Speiseplan des Menschen standen, wurden gemeinsam gejagt. Dabei war Kooperation der Schlüssel zum Erfolg.

Bei der Jagd ist die menschliche Fähigkeit entscheidend, gemeinsam einen Plan zu entwickeln und diesen miteinander abzusprechen. Hierbei ist der Mensch Weltmeister. Deshalb können Menschen auch gefährliche Tiere jagen, die deutlich größer sind als sie. Sogar Mammuts.

Vermutlich haben sich auch durch die Jagd die einzigartigen menschlichen Zeigegesten und das Gebärdenspiel entwickelt. Im Gegensatz zu Menschenaffen kommunizieren Menschen auch bei der Jagd miteinander und verfolgen gemeinsam ihr Ziel. Dabei weiß jeder, was die Partner machen werden, und kann deshalb auch selbst jederzeit deren Rolle übernehmen, wenn es nötig ist. Besonders hilfreich hierfür: die einzigartige Fähigkeit des Menschen, die Perspektive wechseln zu können.

„Die Menschen haben eine Folge von für die Spezies einzigartigen kognitiven und sozialen Fertigkeiten für die Koordination mit anderen bei verschiedenen neuen Formen der kooperativen Interaktion entwickelt." (Michael Tomasello)

Paradoxe Frühgeburt

Menschenaffen, aber auch generell alle Tiere, sind nach ihrer Geburt sehr schnell selbstständig. Sie müssen es auch sein, denn hilfloser Nachwuchs schwebt immer in Gefahr, im Magen eines Raubtieres zu landen. Menschen gebären trotzdem von allen Primaten Babys, die am langsamsten erwachsen werden und am meisten Ressourcen brauchen. Bei seiner Geburt ist der Säugling absolut hilflos und alleine nicht überlebensfähig. Es dauert sogar – gerade im Vergleich zu anderen Menschenaffen – extrem lange, bis der Mensch selbstständig leben kann. (An dieser Stelle kann man gerne auch den Witz mitnehmen, dass es bei manchen Menschen für das Erreichen der Selbstständigkeit ein ganzes Leben braucht...)

Der Bär erinnert mich an Bernd das Brot...

Diese sehr lange und gefährliche Phase bewältigen Menschen auf ganz eigene Weise. Gemeinsam. Jahrtausendelang haben Menschen Kleinkinder in der Gruppe aufgezogen (in der Fachsprache nennt man das „alloparentale Betreuung" oder kurz „Alloparenting"). Dadurch wurden die Kinder geschützt und ihre Aufzucht überstieg nicht die Kraft der Mütter, sodass sie dank der Hilfe der Gruppe häufiger Kinder gebären konnten. Evolutionär war das ein riesiger Vorteil. (Übrigens: Der Vater als Alleinversorger und die Mutter als Erzieherin hinter dem Küchenherd entstanden als Familienbild erst im 19. Jahrhundert! So viel zum Thema: „Das war doch immer so!")

Nur beim Menschen findet sich die jahrelange gemeinsame Betreuung des Nachwuchses. Sie ist in der Menschheitsgeschichte auch extrem verbreitet. Schon vor 1,8 Millionen Jahren wurden Kinder von mehreren Personen großgezogen. Ein weiterer Vorteil: Durch die vielen Kontakte wird das Kind zu einem Meister der sozialen Fähigkeiten und ist bestens für ein Leben in Kooperation mit vielen Menschen vorbereitet. Alloparenting spielt daher eine zentrale Rolle für die außergewöhnliche Fähigkeit des Menschen zur Kooperation.

Überlebenswichtig: Mitgefühl, Fürsorge und Bindung

Damit Alloparenting beim Menschen überhaupt funktionieren kann, bedarf der Mensch einiger besonderer Fähigkeiten:

- Mitgefühl ist lebenswichtig. Denn das Baby ist bei seiner Geburt vollkommen auf das Mitgefühl anderer Menschen angewiesen. Die hohe und lang andauernde Verletzlichkeit und Bedürftigkeit von Babys und Kleinkindern hat uns deswegen zu Meistern des Mitgefühls gemacht. (Übrigens: Wenn Du den Unterschied zwischen Empathie, Mitgefühl und Mitleid besser verstehen willst, mach einen Ausflug zum QR-Code auf der nächsten Doppelseite.)
- Die Frühgeburt erfordert auch Liebe und Fürsorge. Diese typisch menschlichen Fähigkeiten sind deshalb in gewisser Weise Grundvoraussetzungen für das Aufkommen der Menschheit.

„Wir sind eine fürsorgliche Spezies. Die tiefe Verwundbarkeit unserer Nachkommen hat unsere soziale Organisation und unser Nervensystem neu geordnet." (Dacher Keltner)

- Aufgrund der extremen Verletzlichkeit des Kleinkindes hat die Evolution auch das Bindungssystem erschaffen. Bindung ist für Neugeborene ein Überlebensinstinkt und das Baby wird mit dem Drang nach Bindungen geboren. (Schau Dir mal Babys an, wie sie auf freundliche Menschen reagieren!) Aber auch Eltern, Geschwister und Freunde empfinden den Wunsch nach einer Bindung mit dem Neugeborenen. Unser Gehirn ist auf Bindungen ausgerichtet!

„Glücklicherweise bewirkt das gleiche Bindungssystem, das uns als Säuglinge zum Weinen bringt, wenn wir von unserer Bezugsperson getrennt werden, dass wir auch auf die Schreie unseres eigenen Babys reagieren, wenn wir erwachsen sind. Wir alle haben ein Bindungssystem geerbt, das ein Leben lang anhält." (Matthew Lieberman)

Ein ganz besonderes Gehirn

Die extrem lange Entwicklungszeit des Kindes bis zur Selbstständigkeit hat einen entscheidenden Vorteil: Es ermöglicht dem Menschen eine außergewöhnlich lange Phase der Gehirnentwicklung.

Bei der Geburt wiegt das menschliche Gehirn nur ein Viertel eines Erwachsenengehirns. Beim Schimpansen sind es hingegen 60 Prozent. Und während das Gehirn der Schimpansen bereits im Alter von zwei Jahren fast ausgewachsen ist, dauert das beim Kind bis zum achten Lebensjahr. Deswegen können sich die sozialen Fähigkeiten beim Kind – im Gegensatz zum Menschenaffen – auch nach dem zweiten Lebensjahr noch massiv weiter entwickeln.

„Die Entwicklung der Fähigkeiten, die uns einzigartig machen, erforderte ein viel größeres, komplexeres Gehirn." (Riane Eisler und Douglas Fry)

Aufgrund des engen Geburtskanals der Mutter kann der Fötus nicht ausgewachsen das Licht der Welt erblicken, sondern muss als Frühgeburt den Mutterbauch verlassen. Diese Frühgeburt wiederum erfordert Alloparenting. Alloparenting steht damit also am Beginn unseres faszinierenden Gehirnentwicklung!

„Die Entstehung unserer Spezies wäre ohne das Aufkommen von Fürsorge und Liebe nicht möglich gewesen." (Diane Eisler und Douglas Fry)

Das wandelbare Gehirn

Kein Gehirn ist bei der Geburt so unfertig wie das des Menschen, gleichzeitig besitzt damit aber auch kein anderes Wesen ein derartiges Entwicklungspotenzial für die Anpassung an verschiedene Lebensbedingungen. Soll es sich auf eine Welt voll Liebe hin entwickeln oder eine Welt voll Hass und Bindungslosigkeit? Das soziale Umfeld des Kleinkindes, die erlebten oder nicht erlebten Bindungen, beeinflussen direkt die Entwicklung seines Gehirns. Das Erlebte hinterlässt ganz konkrete Spuren im Gehirn und beeinflusst dadurch unser Denken und Fühlen.

Das Gehirn passt sich an eine Welt voll Liebe und Vertrauen ebenso an wie an eine Welt der dauernden Aggression und des Hasses. Beispiele gefällig?

- Erlebt das Kind seine Eltern als unterstützend, so wächst der Hippocampus, der Arbeitsspeicher des Gehirns, besser. Feindselige Eltern lassen aber den Hippocampus schrumpfen.
- Vernachlässigung führt zu negativen Folgen für die Amygdala, dem Zentrum der emotionalen Reaktionen des Gehirns.

Das menschliche Gehirn verfügt über die wunderbare Fähigkeit, sich zu wandeln und an die konkreten Veränderungen in unserem Leben anzupassen. (Wenn Du diese sogenannte „Plastizität" des Gehirns genauer entdecken willst, schwing dich rüber zum QR-Code!)

„Unsere Probleme mit dem Leben der Kinder und mit unserem eigenen Leben sind entstanden, weil wir die Bedeutung von Zuneigung völlig verkannt haben. Wir dachten, sie sei nur etwas Nettes, das Eltern tun. Aber in Wirklichkeit ist sie der Schlüssel zu geistiger Gesundheit, Intelligenz und dem Funktionieren als Mensch. Wenn jemand ein großartiges menschliches Wesen ist, kann das nur eines bedeuten. Er wurde geliebt." (Sue Gerhardt)

Protopische Erkenntnis

Die gemeinsame Betreuung des Nachwuchses, der jahrelang auf Hilfe angewiesen ist, um zu überleben, hat die ganz besondere Fähigkeit des Menschen zu Kooperation und Altruismus geformt. Ebenso die Tatsache, dass Menschen jahrtausendelang gemeinsam Nahrung gesucht und gejagt haben.

„Alles, was wir machen, verändert unser Gehirn. Das Gehirn macht aus Psychologie Biologie."
(Joachim Bauer)

Exkurs 1: Social Brain

„Menschen sind auf Empathie programmiert." (Marco Iacobini)

Stell Dir vor: Du siehst einen unbekannten Menschen, der sich aus Versehen in den Finger schneidet. Was empfindest Du?

Du empfindest Mitgefühl. Genauer gesagt, einen Schmerz, fast so, als ob Du Dich selbst geschnitten hättest. Betrachtet man das Gehirn eines Menschen, der sieht, wie sich jemand anderes in den Finger sticht, erkennt man exakt die gleiche Aktivität, als ob der Betreffende sich selbst verletzt hätte. Aber warum?

Willkommen im Social Brain (deutsch: Soziales Gehirn)! Jeder, der überzeugt ist, der Mensch sei ein zutiefst egoistisches Wesen, muss sich fragen, weshalb wir von unserer Natur aus gar nicht anders können als mitzuleiden. Übrigens: Kino, Literatur und Theater würden gar nicht funktionieren, wenn wir nicht von Natur aus mit den Helden mitleiden, mitfühlen und mitfiebern würden!

Menschen können auch gar nicht anders, als sich emotional anstecken zu lassen. Zeigt man Menschen nur eine halbe Sekunde lang Portraits von lächelnden oder verärgerten Personen, reagieren die Personen in Sekundenbruchteilen: Sie ahmen unwillkürlich die Mimik der Porträts nach.

Besonders faszinierend sind Menschen, die sich sympathisch finden. Liegen Menschen auf einer Wellenlänge, übernehmen sie unbewusst die körperlichen Handlungen ihres Gegenübers. Dies bezeichnet man auch als „joint attention" (deutsch: gemeinsame Aufmerksamkeit). Allein die Tatsache, dass ein Mensch einem anderen aufmerksam zuhört und mit ihm spricht, führt dazu, dass synchron in beiden Gehirnen die gleichen Hirnareale aktiviert werden. Experimente weisen sogar nach, dass unser Gehirn unter Umständen die Aktivität eines anderen Gehirns bereits im Voraus wahrnehmen kann und darauf reagiert. Zum Beispiel beantworten Menschen das Lächeln ihres Gegenübers so schnell, dass ihre Muskeln aktiviert werden, noch bevor das Lächeln auf dem Gesicht der anderen sichtbar ist!

Was geht hier vor?

„Überhaupt können wir bemerken, dass die Seelen der Menschen sich gegen einander wie Spiegel verhalten." (David Hume)

Es sind die Spiegelneuronen!

1992 ist das Jahr einer bahnbrechenden Entdeckung. Nachdem es Wissenschaftlern gelungen war, bei Makaken-Affen einzelne Nervenzellennetzwerke zu identifizieren, die jeweils für eine bestimmte Handlung zuständig sind (beispielsweise das Handlungsneuron, das feuert, sobald der Affe nach einer Rosine greift), bemerkten sie etwas Überraschendes: Genau dieses Neuron ist auch aktiv, wenn der Makake nur beobachtet, wie jemand anderes nach der Rosine greift. Bis dahin hatte man angenommen, dass für die Reaktion auf das Verhalten anderer ein weiteres Hirnareal verantwortlich sei. Spiegelneuronen schenken dem Menschen von Natur aus die Möglichkeit, das Verhalten anderer Menschen so zu erfassen, als seien es in gewisser Weise ihre eigenen. Sie sind ein biologischer Hinweis darauf, dass der Mensch von Natur aus ein soziales Wesen ist, denn die Fähigkeit zum Mitgefühl wird uns in die Wiege gelegt.

„Wenn ich in meinem Gehirn Nervenzellen habe, die auf die gleiche Weise reagieren wie entsprechende Nervenzellen in Ihrem Gehirn, wenn Sie eine bestimmte Bewegung ausführen, dann versetze ich mich im wahrsten Sinne des Wortes ‚in Ihre Lage'." (Vittorio Gallese)

Spiegelneuronen gehören zur neurobiologischen Grundausstattung des Menschen, die zum Zeitpunkt der Geburt noch in einer Rohform ist. Sie finden sich insbesondere in Gehirnregionen, die erst nach der Geburt ausgebildet und vergrößert werden. Schon wenige Stunden nach ihrer Geburt beginnen Säuglinge, spontan bestimmte Gesichtsausdrücke, die sie sehen, zu imitieren. Sie trainieren dadurch ihre Spiegelneuronen. Mit zwei Monaten bemühen sich Kleinkinder dann aktiv um eine gefühlsmäßige Abstimmung mit den Eltern.

„Die Entdeckung der Spiegelneuronen machte mir klar, dass unsere Gehirne tatsächlich auf geradezu magische Weise miteinander verbunden sind." (Christian Keysers)

Frühe Spiegelungen sind ein emotionales und neurobiologisches Grundbedürfnis. Die natürlichen Anlagen und Fähigkeiten des Kindes können leider aber auch schnell zerstört werden. Erschreckend das „Still-face-Experiment": Wenn ein Erwachsener absichtlich ein Kind völlig regungslos anschaut, wendet sich das Kind schnell frustriert ab. Wird das mehrere Male wiederholt, führt dies zu einem emotionalen Rückzug des Kindes. Es wird apathisch.

Dopamin und das Belohnungszentrum

Der „Glücksbotenstoff" Dopamin spielt im Belohnungszentrum, einem weiteren Bestandteil des Social Brains, eine Schlüsselrolle. Wir kennen es alle: Wir greifen beherzt nach dem Schokoriegel, weil Dopamin unserem Gehirn signalisiert, dass wir uns danach besser fühlen werden. Bei Dopamin geht es weniger um das Glückserlebnis der Belohnung als vielmehr um das Streben nach Belohnung. Dopamin fördert so das zielgerichtete Verhalten. Mit anderen Worten, das Belohnungszentrum wird bei Situationen und Handlungsweisen aktiv, die offenbar der Natur des Menschen entsprechen. Unser Social Brain versucht so mithilfe von Dopamin sicherzustellen, dass die entsprechenden Handlungen auch durchgeführt werden.

Welches Verhalten belohnt unser Social Brain?

(Die Antwort dürfte uns viel über die menschliche Natur sagen.) Sex oder nur der Gedanke an Sex führt zur Ausschüttung von Dopamin. Okay, nicht überraschend und weiter? Das Belohnungszentrum meldet sich nicht nur, wenn wir etwas erhalten, sondern auch, wenn wir etwas geben. Allein die Vorstellung, Geld zu spenden, reicht schon für eine Aktivierung aus. Einige Bereiche des Belohnungszentrums werden in einem solchen Fall stärker aktiv als beim einfachen Gewinn des Geldes. Es reicht sogar schon aus, dass wir jemand anderen sehen, der spendet, damit unser Belohnungszentrum aktiviert wird.

Besonders erstaunlich: Das Belohnungszentrum wird bei Kooperation, nicht aber bei Konkurrenz aktiviert. Auch faire Angebote aktivieren unser Belohnungszentrum. Und nicht zuletzt löst Mitgefühl für eine traurige Person das Belohnungszentrum der mitfühlenden Person aus. Mit anderen Worten, das Belohnungszentrum reagiert positiv auf Kooperation, Fairness und Mitgefühl. Ein Social Brain eben!

„Das natürliche Ziel der Motivationssysteme sind soziale Gemeinschaft und gelingende Beziehungen mit anderen Individuen." (Joachim Bauer)

Bühne frei für Oxytocin

Ein dritter Hauptdarsteller auf der Bühne des Social Brains ist das Hormon Oxytocin. Alle Formen freundlichen Verhaltens regen die Bildung von Oxytocin an: ein warmes Lächeln, freundliche Berührungen, Zärtlichkeiten, und natürlich ganz besonders Sex. (Deswegen wird es im Volksmund auch Orgasmus- oder Kuschelhormon genannt!) Aber selbstverständlich auch Liebeserfahrungen jeglicher Art.

„Es ist keine Neuigkeit, dass wir uns durch Liebe gut fühlen. Neu ist, dass die Gefühle von Wohlbefinden und Freude, die wir mit der Liebe verbinden, Teil der menschlichen Biologie sind. Die Liebe löst neurochemische Botschaften des Wohlbefindens und der Freude aus. Unser Körper belohnt uns, wenn wir geliebt werden und wenn wir andere lieben, sei es ein Kind, ein Liebhaber, ein Elternteil, ein Freund oder sogar ein Haustier."
(Riane Eisler und Douglas Fry)

Oxytocin hat eine eindrucksvolle Wirkung: Es fördert die Großzügigkeit und die Bereitschaft, anderen Menschen zu vertrauen. Oxytocin erhöht die Bereitschaft, sich zu versöhnen. Außerdem ist es mitverantwortlich, dass unser Gehirn nach Zuwendung und Kooperation sucht. Es verbessert die Fähigkeit, den Gefühlszustand seines Mitmenschen zu erkennen, und steigert das Mitgefühl.

Oxytocin ist ein treffendes Beispiel, welche Konsequenzen unsere Erfahrungen auf unser Verhalten haben. Es kann zu einem Teufelskreis werden: Menschen, die nur wenige Bindungserfahrungen erleben durften, weisen eine geringere Oxytocin-Konzentration in ihrem Blut auf und sind daher weniger zu Mitgefühl, Bindung und Vertrauen fähig. Menschen wiederum, denen Misstrauen entgegengebracht wird, reagieren generell mit einer Senkung der Oxytocin-Konzentration und sind in der Folge weniger geneigt, anderen Vertrauen und Mitgefühl entgegenzubringen.

Oxytocin kann aber auch zu einer positiven Entwicklung führen: Es ruft prosoziales Verhalten (Hilfsbereitschaft etc.) hervor und wird freigesetzt, wenn wir selbst prosoziales Verhalten erleben dürfen.

Buuuh! Was für ein absurdes Schmierentheater! Ich will sofort mein Geld zurück!

Das Social Brain ist aber noch nicht vollständig beschrieben, ohne eine wunderbare Fähigkeit des Menschen, dem sogenannten Mindreading (etwas ungenau ins Deutsche übersetzt mit „Gedankenlesen"). Wir empfehlen Dir hierzu die protopischen Mindreading-Vorstellung im QR-Code-Theater!

„Menschen sind Weltspitze im Gedankenlesen." (Michael Tomasello)

Der Mensch mit seiner besonderen Anlage zum Mitgefühl ist von Natur aus ein soziales Wesen und offensichtlich nicht für eine Welt „jeder gegen jeden" gemacht. Aber für unser Social Brain gilt eine Grundregel: „Use it or lose it." Nervenzellsysteme, die nicht benutzt werden, gehen ebenso verloren wie nicht mehr trainierte Muskeln.

„Das menschliche Gehirn ist tatsächlich so programmiert, dass wir uns um andere kümmern. Viele unserer grundlegenden Antriebe, Reaktionen und Fähigkeiten sind eher ein Produkt der Natur als der Erziehung. Die angeborene Biologie des menschlichen Gehirns zwingt uns, freundlich zu sein. Das heißt, wir sind auf Wohlwollen programmiert." (Donald Pfaff)

Bereit für den nächsten Akt?

Nach der vielleicht etwas grauen Theorie-Vorstellung wird es jetzt ab Teil zwei unserer Reise praktisch und konkret!

Fazit Teil 1: Evolution

- Kooperation und Altruismus sind zentral in der Evolution. Egoismus und Konkurrenz sind weniger entscheidend, als man meistens glaubt.
- Schlüsselfähigkeiten des Menschen, die seinen besonderen Erfolg in der Evolution erklären, sind besonders Kooperation und Altruismus.
- Die Betreuung des Nachwuchses und die gemeinsame Nahrungssuche sind Hauptgründe für die Entwicklung der ausgeprägten Kooperationsfähigkeit des Menschen.
- Dank des Social Brains ist der Mensch von der Natur mit einer außergewöhnlichen Fähigkeit zum Mitgefühl beschenkt.

„Die Gefühle, Motivationen und Verhaltensweisen, die wir Liebe nennen, haben tiefe evolutionäre Wurzeln."
(Riane Eisler und Douglas Fry)

Teil 2: Soziale Wesen

Ist der Mensch eher ein Einzelgänger und für eine Welt gemacht, in der vorwiegend das Prinzip „jeder gegen jeden" herrscht, oder ein soziales Wesen, das die Gemeinschaft sucht? Und welche Bedeutung hat Gemeinschaft für uns Menschen?

„Im Naturzustand des Menschen haben sie weder einen festen Wohnsitz noch irgendein Bedürfnis nacheinander. Sie begegnen sich vielleicht kaum zweimal in ihrem Leben, ohne sich zu kennen und ohne miteinander zu sprechen."
(Jean-Jacques Rousseau)

„Der Naturzustand der Menschen, bevor man sich zur Gesellschaft vereinigte, war Krieg; und dieser nicht in gewöhnlicher Weise, sondern als Krieg aller gegen alle."
(Thomas Hobbes)

Schadet ungewollte Einsamkeit unserer Gesundheit?

Ungewollte Einsamkeit ist stark gesundheitsschädigend.

„Me, myself and I" und „Jeder ist sich selbst der Nächste". Menschen, die davon überzeugt sind, dass wir von Natur aus in einer Welt des „jeder gegen jeden" leben, müssen jetzt ganz stark sein: Denn ein Leben getrennt von den Mitmenschen ist gar keine gute Idee.

„Stellen Sie sich vor, es gäbe eine Krankheit, die hierzulande immer häufiger auftritt und chronische Schmerzen verursacht – eine ansteckende, von der medizinischen Wissenschaft noch kaum erforschte Krankheit, die sich schneller ausbreitet, als die Immunität gegen sie aufgebaut werden kann, und die als eine der häufigsten Todesursachen in der zivilisierten westlichen Welt eingestuft wird. Eine Krankheit, die das Aufkommen anderer Leiden begünstigt, von Erkältungen über Depressionen und Demenz bis hin zu Herzinfarkten, Schlaganfällen und Krebs. Diese Krankheit wäre mithin ein bedeutender Risikofaktor für andere häufige und tödliche Krankheiten. Zugleich wäre sie tückisch, denn viele Betroffene wüssten gar nicht, dass sie an ihr leiden. Diese Krankheit gibt es tatsächlich. Ihr Name: Einsamkeit." (Manfred Spitzer)

Vorab eine Klarstellung: Während die englische Sprache „loneliness" und „solitude" unterscheidet, sprechen wir im Deutschen in beiden Fällen häufig von Einsamkeit. Hier geht es um die ungewollte Einsamkeit, das Fehlen von menschlichen Kontakten. (Spannendes zum Thema Alleinsein findest Du bei einem Ausflug über den QR-Code auf der nächsten Doppelseite!)

Eindeutige Tatsachen

Eine Metastudie mit rund 3,4 Millionen Menschen über die Folgen ungewollter Einsamkeit gibt Grund zum Nachdenken:

- Einsamkeit ist doppelt so schädlich wie Fettsucht.
- Einsamkeit ist genauso schädlich wie 15 Zigaretten am Tag.
- Einsamkeit ist genauso schädlich wie Alkoholmissbrauch.

Dabei ist nicht entscheidend, ob Menschen alleine leben oder nicht, sondern wie gut sie sozial eingebunden sind. Allein das Gefühl, einsam, isoliert und verlassen zu sein, schädigt die Gesundheit.

Ich bin ein einsamer Wolf und kein verweichlichtes Rudeltier wie der Mensch!

„Die größte Armut ist die Einsamkeit, und das Gefühl, unbeachtet zu sein." (Mutter Teresa)

Der Hintergrund: Einsamkeit erhöht das Stresshormon Cortisol. Einsamkeit beeinflusst dadurch die Funktion von Abwehrzellen und beeinträchtigt unser Immunsystem. Konsequenz: Stress verkürzt unsere Lebenszeit. (Was Stress eigentlich genau ist und weshalb dauerhafter Stress so gefährlich ist, lernst Du bei einem kurzen Ausflug über den QR-Code!)

Kein Wunder also, dass isolierte Menschen dreimal häufiger erkranken und im untersuchten Zeitraum zwei- bis dreimal so oft sterben wie sozial verbundene Menschen. Soziale Isolation erhöht auch die Sterbewahrscheinlichkeit durch eine Krebserkrankung um beängstigende 25 Prozent. Geringe Sozialkontakte steigern das Risiko für Herzinfarkte um 29 Prozent und für Schlaganfälle um ein knappes Drittel. Einsame Menschen haben häufiger Herzrhythmusstörungen, chronische Herzschwäche, andere Herz-Kreislauf-Störungen sowie zu hohen Blutdruck.

Auch die Seele leidet. Einsamkeit vergrößert die Wahrscheinlichkeit von Depression, Demenz, Paranoia, Selbstmord und Alkoholismus.

„Die Ursachen und Folgen der Einsamkeit stehen im Mittelpunkt der größten politischen und sozialen Fragen, mit denen unsere Gesellschaft konfrontiert ist." (Noreena Hertz)

Die Gefahren

Einsamkeit ist offensichtlich ein stark gesundheitsgefährdender Zustand, der der Natur des Menschen widerspricht und gefährlich ist. Das überrascht nicht: Denn unser Social Brain ist biologisch ja auf unsere Mitmenschen ausgerichtet.

„Weil wir darauf eingerichtet sind, in Verbindung zu bleiben, verursacht eine Trennung immer Schmerz." (Brené Brown)

Tatsächlich schmerzt Einsamkeit. Körperlich.

Ein beeindruckendes Experiment: In einem simplen Videospiel passen sich drei Menschen einen Ball zu. (Du findest es mithilfe des QR-Codes.) Der eigentliche Proband wird plötzlich ohne Erklärung von den beiden ihm unbekannten Mitspielern, die er auch nicht sehen kann, virtuell ausgeschlossen und im Spiel ignoriert. No big deal, oder? Mitnichten! Im Gehirn des Ausgeschlossenen werden dieselben Schmerzzentren aktiviert, wie bei körperlichen Schmerzen. Starke Einsamkeit löst sogar einen so intensiven Schmerz aus, der vergleichbar damit ist, von einem Fremden geschlagen zu werden.

Aber warum?

Einsamkeit ist für Menschen so gefährlich, dass der Körper klare Schmerzsignale aussendet. Dieser Schmerz soll Menschen dazu bringen, alles zu tun, um die Wunde der Einsamkeit möglichst schnell zu behandeln.

„Die neuronale Verbindung zwischen sozialem und körperlichem Schmerz sorgt auch dafür, dass soziale Kontakte ein lebenslanges Bedürfnis sind, so wie Essen und Wärme." (Matthew Lieberman)

Ein Blick in die Menschheitsgeschichte erklärt den Hintergrund: Millionen Jahre lang bedeutete die Verbannung aus der Gruppe den sicheren Tod. Denn auf sich alleine gestellt, hatte der Mensch in der Natur kaum Überlebenschancen. Ausgrenzung und Trennung sind deshalb für den Menschen existenzielle Bedrohungen.

Protopische Erkenntnis

Ungewollte Einsamkeit ist extrem ungesund. Dennoch sind wir oft überzeugt, der Mensch sei zum Einzelkämpfer geboren. Wie tragisch, dass gerade die erlebte ungewollte Einsamkeit die Menschen am meisten verbindet!

„Das Erleben dieser Getrenntheit und Abgesondertheit löst Angst aus; tatsächlich ist sie die Quelle jeder Angst." (Erich Fromm)

Welche Bedeutung hat soziale Unterstützung für Gesundheit und Wohlbefinden?

Unterstützung zu erhalten, tut gut. Anderen beizustehen ist aber wahrscheinlich noch besser!

Nun erst einmal gute Nachrichten! So schlecht die Trennung von Mitmenschen ist, so sehr ist ein Leben in sozialer Verbundenheit Balsam für unsere Seele und ein Medikament ohne Nebenwirkungen, das von jedem Arzt bedenkenlos verschrieben werden sollte.

Die Liste der positiven Effekte auf die Gesundheit ist lang, zum Beispiel:

— Menschen, die sozial eingebunden leben, haben eine 50 Prozent geringere Wahrscheinlichkeit eines frühen Todes.
— Familie und Freunde halbieren das Sterberisiko in jedem Alter.
— Menschen, die soziale Unterstützung erfahren, sterben zu 25 Prozent seltener an Krebs.

„Das Herz profitiert unmittelbar von Nähe, Einfühlung und Freundschaft." (Werner Bartens)

Der Grund ist einfach: Verbundenheit und Gemeinschaft stärken unser Immunsystem!

— Menschen, die Gemeinschaft erfahren, haben ein gesünderes Herz und ein geringeres Risiko eines Herzinfarkts. Sie erkranken seltener. Sogar eine HIV-Infektion verläuft langsamer.
— Menschen mit einem stabilen sozialen Umfeld leiden deutlich seltener an Erkältungen (obwohl die Ansteckungsgefahr durch häufigere Kontakte mit mehr Menschen natürlich höher ist).
— Allein die Gegenwart eines vertrauten Menschen senkt die Pulsfrequenz, stärkt das Immunsystem und reduziert Depressionen.
— Wunden von Menschen, die sozial eingebunden sind, heilen schneller.
— Zufriedene und glückliche Menschen mit einem funktionierenden sozialen Umfeld leben im Durchschnitt etwa 15 Prozent länger.

„Ein starkes Medikament für den Menschen: der andere Mensch."
(Joachim Bauer)

Auch Empathie ist ein tolles Medikament. Empathische Menschen haben ein besseres Immunsystem. Sie erkranken weniger intensiv, wenn sie zum Beispiel gezielt Erkältungsviren ausgesetzt werden. Entzündungsreaktionen verlaufen bei ihnen auch weniger heftig. Mitfühlende Menschen leiden zudem seltener an Depressionen und anderen seelischen Erkrankungen.

Wundermittel Unterstützung

Zurück zu unserer Frage: Unterstützung von anderen Menschen zu erhalten stärkt die Gesundheit. Selbst andere Menschen zu unterstützen, Mitgefühl zu empfinden, für andere da zu sein, also kurz: das eigene altruistische Verhalten, hat aber wahrscheinlich eine noch bessere Wirkung auf die eigene Gesundheit!

Ein möglicher Grund: Unterstützung zu schenken (nicht aber zu erhalten) verringert die Aktivierung von Gehirnarealen, die mit Stress in Verbindung stehen. Sicher ist: Die eigenen mitmenschlichen Gefühle (in der Wissenschaft spricht man gerne von „prosozialen" Gefühlen) sind für Gesundheit und Wohlbefinden von besonderer Bedeutung.

„Was Menschen glücklich macht, sind die sozialen Beziehungen."
(Richard Layard)

Besonders spannend: Unterstützung zu schenken, reduziert wahrscheinlich stärker das Sterberisiko, als nur Unterstützung zu empfangen. In diese Richtung weist auch die Erkenntnis, dass Menschen, die sich regelmäßig ehrenamtlich engagieren, meistens gesünder sind. Genauer gesagt: Sie sind im Durchschnitt so gesund wie jemand, der ganze fünf Jahre jünger ist und kein Ehrenamt ausführt! Ehrenamtlich Tätige zeigen auch mehr Begeisterung und Energie. Zudem leiden sie seltener an Depressionen.

Gesundheit und Wohlbefinden des Menschen sprechen eine deutliche Sprache: Der Mensch ist ein Gemeinschaftswesen. Gelebte Gemeinschaft und Verbundenheit sind lebenswichtig. Da finden sich auch leicht protopische Übungen! Wenn Du eine suchst...

„Kein Mensch ist eine Insel.“ (John Donne)

Protopische Erkenntnis

Soziale Unterstützung zu erleben, tut Körper und Seele gut. Selbst für andere Menschen da zu sein, ist vermutlich sogar noch besser, als nur Hilfe zu erhalten.

Wir wissen viel über die Bedürfnisse unserer Haustiere. Wir haben aber kaum eine Ahnung, was wir selbst von Natur aus benötigen, um gesund zu sein und uns wohlzufühlen: unsere Mitmenschen!

Beeinflusst Vertrauen in Mitmenschen die Lebenserwartung?

Menschen, die anderen Menschen Vertrauen schenken können, leben im Schnitt zehn Monate länger.

Die Bedeutung von Vertrauen für die Gesundheit ist überraschend, oder? Wenn man aber über den Zusammenhang von Vertrauen und Gesundheit nachdenkt, sind die Gründe offensichtlich: Es ist entspannend, die Haustür auch mal offen stehen lassen zu können. Es stresst, sich immer Sorgen machen zu müssen, ob man das Auto abgeschlossen hat oder bei jeder Busfahrt krampfhaft sein Portemonnaie festzuhalten. Und nicht zuletzt: Menschen, die einander vertrauen, erleben weniger Stress im täglichen Miteinander. Und dauerhafter Stress reduziert unsere Lebenserwartung deutlich. Wissenschaftler führen noch einen wichtigen Grund auf: Menschen, die Vertrauen schenken, können auf mehr soziale Unterstützung zählen.

Übersehen und ignoriert

Die Bedeutung von Vertrauen für unser Leben wird stark unterschätzt. Es fühlt sich gut an, vertrauen zu können und gleichzeitig zu wissen, dass andere einem ebenfalls Vertrauen schenken. Niemandem vertrauen zu können, heißt aber, dass jeder ein tragischer Einzelkämpfer ist. Einsam, allein und ohne Hoffnung.

„Eine Gesellschaft ohne Vertrauen ist keine Gesellschaft: Sie ist eine Ansammlung von Menschen, die ständig Angst voreinander haben." (Dan Ariely)

Vertrauen in der Krise

Menschen, die spüren, dass andere ihnen vertrauen, schenken selbst leichter Vertrauen. Andererseits fällt es Menschen, die das Gefühl haben, niemand vertraue ihnen, oft selbst selbst schwer, anderen zu vertrauen. Zwei sich verstärkende Kreisläufe. Ein positiver und ein negativer. Im Zentrum steht einmal mehr unsere gute alte Bekanntschaft Oxytocin. Denn erlebtes Vertrauen bewirkt eine Erhöhung von Oxytocin, erlebtes Misstrauen dagegen einen Rückgang.

„Wer nicht genügend vertraut, wird kein Vertrauen finden." (Lao-Tse)

Vertrauen zu schenken und zu erleben, hat aber eine ganze Reihe weiterer wichtiger Konsequenzen: Vertrauen ist die Voraussetzung für Kooperationsbereitschaft, es mindert die Gewaltbereitschaft, und es hält eine Gesellschaft, also eine Gruppe von Menschen, die sich zumeist untereinander nicht kennen, zusammen.

Na, kannst Du Dir zum Thema Vertrauen eine protopische Übung vorstellen...?

Ein kleiner Funfact: Wer kann besser einen Lügner enttarnen?
Menschen, die leichter oder schwerer ihren Mitmenschen Vertrauen schenken?
Die Menschen, die leicht und gerne vertrauen!

Die Zeichen stehen schlecht...

Es ist hochproblematisch, dass das Vertrauen in Industrieländern seit Jahrzehnten konstant abnimmt. Während zum Beispiel in den USA nach dem Zweiten Weltkrieg 60 Prozent einem Unbekannten erst einmal Vertrauen geschenkt haben, waren es 1998 nur noch 30 Prozent. In Deutschland findet heute nur ein schwaches Drittel, man könne fremden Menschen vertrauen.

*„Vertrauen ist immer ein Risiko.
Wer Vertrauen schenkt, macht sich verletzbar."
(Jutta Allmendinger und Jan Wetzel)*

Hierfür gibt es fünf Hauptursachen:

- Einsamkeit ist nicht nur ein gefährlicher Zustand, sondern beeinflusst auch, was Menschen voneinander denken. Einsamkeit erhöht deshalb das Misstrauen. Und in den letzten Jahrzehnten nimmt die Einsamkeit zu.
- Materialismus zerstört gegenseitiges Vertrauen und Solidarität. Und in den letzten Jahrzehnten nimmt der Materialismus zu.
- Armut, die in ihrer Konsequenz oft zu einer Ausgrenzung von vielen Teilen des gesellschaftlichen Lebens führt, erhöht das Misstrauen. Und in den letzten Jahrzehnten nimmt die Armut zu.
- Ungleichheit erhöht das gegenseitige Misstrauen. Und in den letzten Jahrzehnten nimmt die Ungleichheit zu.
- Und nicht zuletzt: Konkurrenz zerstört Vertrauen. Bei Experimenten reicht es, den unbekannten Partner als Gegner zu bezeichnen und schon sinkt das Vertrauen.

Protopische Erkenntnis

Vertrauen ist lebenswichtig. Gerade für das soziale Wesen Mensch. Aber das moderne Leben ist dafür kein gesunder Nährboden. Wissenschaftler bezeichnen den Rückgang des Vertrauens sogar als „ein unterschätztes Gesundheitsproblem".

Fühlt man sich nach einer kurzen Begegnung mit Unbekannten besser?

Kurze Begegnungen mit Unbekannten steigern in der Regel unser Wohlbefinden.

Eine absurde Frage, oder? Das Vertrauen in unsere Mitmenschen und der Wunsch nach Begegnungen sind nicht sehr ausgeprägt. Die meisten Menschen stimmen deshalb wie der Hase ab (auch in unserem Freundes- und Bekanntenkreis). Sie sind überzeugt, dass man sich nach kurzen Begegnungen eher schlechter fühlt. Unwichtiger Small Talk halt. Ineffizient und Zeitverschwendung.

Haben sie recht? Die Wissenschaft kommt hier zu einem recht eindeutigen Ergebnis: Denn das Gegenteil ist meistens der Fall! Viele Menschen, aber auch Hase und Bär, haben vergessen, welche grundsätzliche Bedeutung das Miteinander für uns als soziale Wesen hat.

„Bereits die bloße Erfahrung, freundlich zugewandten anderen Menschen zu begegnen, erweist sich beim Menschen als eine biologisch-verankerte Grundmotivation." (Joachim Bauer)

Begegnung der protopischen Art

In einem Experiment sollen sich Menschen bei einer Busfahrt entweder mit irgendjemanden unterhalten, jeden Kontakt vermeiden oder sich so verhalten, wie sie es gewohnt sind. Das Ergebnis: Menschen, die gezwungen wurden, Unbekannte anzusprechen, fühlen sich anschließend im Schnitt deutlich besser! Viele weitere Experimente bestätigen das Ergebnis: Auch Begegnungen in einem Café, die nur wenige Augenblicke dauern, wie ein Blickkontakt, ein Lächeln oder ein kurzes Gespräch, hellen die Laune auf. Es reicht schon eine freundliche Begrüßung oder Verabschiedung.

Alltägliche Begegnungen haben ein ganz besonderes Potenzial:
„Indem wir anderen freundlich begegnen oder auch nur für einen kurzen Augenblick selbst Freundlichkeit erfahren, erinnern wir uns daran, was wir miteinander gemein haben, an unser gemeinsames Menschsein – und fühlen uns dadurch weniger allein." (Noreena Hertz)

Erstaunlich, aber wahr: Nicht nur unser direktes soziales Umfeld wie Freunde und Familie hat also großen Einfluss auf unser Wohlbefinden, sondern generell alle Menschen, die unseren Weg kreuzen.

Unsere protopische Übung liegt auf der Hand: Gib den Menschen eine Chance! Probiere einen Tag aus, Unbekannte freundlich zu begrüßen, auch mal einfach ein Gespräch zu starten und Dich mit einem Lächeln zu verabschieden! Du kannst dabei auch gerne an Charlie Chaplin denken:
„Ein Tag ohne Lächeln ist ein verlorener Tag."
Toller Nebeneffekt: Angelächelte Menschen sind hilfsbereiter!

Fundamentale Fehleinschätzungen

Leider sind die meisten aber davon überzeugt, dass flüchtige Begegnungen unwichtig oder einfach nur nervig sind. (Und sollte man nicht zur Sicherheit erst einmal davon ausgehen, dass der Unbekannte Hannibal Lecter oder Jeffrey Dahmer sein könnte?) Entsprechend sind sich auch die meisten sicher, sie würden sich besser fühlen, wenn sie keine Begegnung mit einem unbekannten Menschen erleben müssten.

*„Ein Lächeln ist oft das Wesentliche.
Man wird mit einem Lächeln bezahlt.
Man wird mit einem Lächeln belohnt.
Man wird durch ein Lächeln belebt."
(Antoine de Saint-Exupéry)*

Damit endet jedoch die Reihe unserer Fehlannahmen nicht: Die Mehrheit der Menschen unterschätzt grundsätzlich, wie sympathisch ihre Gesprächspartner sie nach einer kurzen Begegnung finden. Sie werden nämlich deutlich mehr gemocht, als sie ahnen!

Die Folge dieser direkt miteinander zusammenhängenden Fehleinschätzungen über die menschliche Natur und damit auch darüber, was das eigene Wohlbefinden fördert, ist leider gravierend. Wir vermeiden deswegen genau das, was uns guttut und der sozialen Natur des Menschen entspricht: die Begegnung. Das Miteinander. Die Verbundenheit auch in den kleinen Augenblicken des Alltags. Etwas, das wir nach Lockdown und „Social Distancing" unbedingt wieder entdecken und erleben müssen.

„Ein Fremder ist ein Freund, den man nur noch nicht kennt."
(Irisches Sprichwort)

Begegnungen und Gespräche erhöhen übrigens unser Vertrauen! Sie unterbrechen den Alltagstrott, stellen die festgetretenen Ansichten infrage und eröffnen uns neue Perspektiven! Und sie haben noch andere „magische Kräfte": Der Spaß am menschlichen Austausch und die Steigerung des Wohlbefindens durch eine kurze freundliche Begegnung ist ansteckend. Denn nach Begegnungen mit Unbekannten fühlen sich auch die Menschen wohler, die unverhofft angesprochen wurden.

Eine besondere Kunst bei der Begegnung, die man leicht vergisst: das Zuhören. Wenn Du mehr über dieses Thema – und über gelungene Dialoge – wissen willst, dann mach einen Ausflug zum QR-Code!

„Das Gegenmittel für dieses Zeitalter der Einsamkeit kann letztlich nur darin bestehen, dass wir für andere da sind – ganz gleich, wer diese anderen sind. Nicht weniger ist gefragt, wenn wir wieder die Verbindung zueinander aufbauen wollen in dieser zerfaserten Welt." (Noreena Hertz)

Protopische Erkenntnis

Das Wundermittel für uns als soziale Wesen sind Begegnungen. Auch mit unbekannten Menschen. In der Regel fühlen wir uns danach besser!

Haben Berührungen Einfluss auf Wohlbefinden und Gesundheit?

Berührungen haben großen Einfluss auf Wohlbefinden und Gesundheit.

Die lebenswichtige Bedeutung von Berührungen kann man gar nicht überbewerten. Dass aber Berührungen bis heute so gering geschätzt werden, zeigt, wie wenig wir von der sozialen Natur des Menschen verstehen.

Wir Menschen sind Dauerfühler. Wir können gar nicht anders, als in jedem Augenblick unseres Lebens zu fühlen. Wir können Berührungen auch gar nicht ignorieren, weil der sogenannte Tastsinn, „die Mutter aller Sinne", von Natur aus entsprechend so eingerichtet ist. Jede Berührung unseres Körpers wird physisch und psychologisch wahrgenommen und bewertet, ohne dass uns das bewusst sein muss.

Menschen können blind oder taub, ohne Geruchssinn oder Geschmack geboren werden und leben. Der Tastsinn ist aber so existenziell, dass unser Leben davon abhängt.

„Ohne Tastsinn könnten wir nicht leben." (Martin Grunwald)

Die erste Sprache

Wie lebenswichtig Berührungen für den Menschen sind, zeigt eine Tatsache: Der Tastsinn ist der erste Sinn des Menschen, der sich schon im Mutterleib bildet. Es ist auch der letzte, der noch unmittelbar vor dem Tod vorhanden ist.

„Das Tastsinnessystem (...) ist das biologisch größte und einflussreichste Sinnessystem, eine Meisterleistung der Natur – und zugleich eine Selbstverständlichkeit, die wir kaum würdigen." (Martin Grunwald)

Berührungen sind die erste Sprache, in der das Kind angesprochen und durch die sein Selbstempfinden geweckt wird. Berührungen bleiben aber auch unser ganzes Leben existenziell. Sie beeinflussen, wie wir denken und fühlen und handeln. Bezeichnend: Über Berührungen können wir am schnellsten Gefühle mitteilen.

„Berührung ist die primäre Sprache des Mitgefühls, der Liebe und der Dankbarkeit – Gefühle, die den Kern von Vertrauen und Zusammenarbeit bilden." (Dacher Keltner)

Ein berührendes Lebenselixier

Die menschliche Natur wird oft von Grund auf missverstanden und leider wird die Bedeutung von Berührungen bis heute (auch in der Philosophie) grob vernachlässigt, wenn nicht gar ignoriert, während das Interesse fast ausschließlich auf die Vernunft gerichtet ist. Tatsache aber ist: Das Fehlen menschlicher Nähe hinterlässt negative Spuren, die bei Säuglingen und Kleinkindern zum Tod führen können. Als in den USA zu Beginn des 20. Jahrhunderts massiv für eine möglichst berührungslose Erziehung plädiert und vor dem „überküssten Kind" gewarnt wurde, lag in den Waisenhäusern die Kindersterblichkeit in den ersten beiden Lebensjahren bei unfassbaren 32 bis 75 Prozent! Ähnliches war leider auch noch vor 30 Jahren in rumänischen Waisenhäusern zu beobachten.

Beim älter werdenden Kind hat das Fehlen von Berührungen ebenfalls katastrophale Folgen. Es führt zu massiven Störungen. Insgesamt gilt: Kindliches Wachstum und psychische Stabilität sind abhängig von ausreichenden Körperberührungen.

Menschliche Hausapotheke

Aber es gibt natürlich auch positive Nachrichten!
Hier eine kleine Übersicht der heilenden Kraft von Berührungen:

— Berührungen vermindern Stress und stimulieren von der Geburt an die Entwicklung des Gehirns.
— Eine liebevolle Zuwendung der Eltern im Kindesalter schützt später vor einer Überreaktion der Stressgene.
— Bei Neugeborenen sinkt das Schmerzempfinden, wenn sie gestreichelt werden.

Auch Erwachsenen empfinden Berührungen nicht nur als angenehm, sie sind auch körpereigene Medikamente – und das ganz ohne Nebenwirkungen:

— Berührungen stabilisieren das Immunsystem und wirken entzündungshemmend.
— Eine kurze Umarmung unter Partnern führt zu einer deutlichen Senkung des Blutdrucks und einer Verminderung der Herzfrequenz.
— Berührungen reduzieren die Schmerzempfindung.
— Berührungen reduzieren Angst und Stress.
— Wertschätzende Berührungen von Ärzten und Pflegekräften vor einer Operation führen zu einer schnelleren Genesung.

„Wir leben in einer Kultur, die von Berührungsängsten geprägt ist."
(Dacher Keltner)

Untouchables: Berührungslose Gesellschaft

Schon vor dem Social Distancing haben wir in einer berührungsarmen Gesellschaft gelebt. Studien zeigen, dass unser direkter Körperkontakt abgenommen hat und wir uns seltener berühren. Die Hälfte der Deutschen bedauert, dass sich die Menschen viel zu wenig umarmen. Und mindestens jeder Dritte wünscht sich, häufiger berührt zu werden.

Es sieht ganz so aus, dass in unserer hoch individualisierten Leistungsgesellschaft das Ausmaß der Einsamkeit deutlich unterschätzt wird (ebenso wie die dadurch hervorgerufenen massiven Gesundheitsschäden). Zugleich wird die lebenswichtige Bedeutung von Berührungen einfach ignoriert.

Auch jenseits der Gesundheit sind Berührungen ein wahres Wundermittel: Sie erhöhen unsere Bereitschaft zur Kooperation, Vertrauen und gutem Willen. Und sie sind auch die endlose Quelle von Belohnungen für unsere Mitmenschen. Also: free hugs!!!

Protopische Erkenntnis

Berührungen sind überlebenswichtig, ein wunderbares Heilmittel gegen Einsamkeit und für ein menschliches Miteinander.

„Ich weiß, dass das Berühren die wahre Revolution war, ist und immer sein wird."
(Nikki Giovanni)

Exkurs 2: Gruppenwesen

Der Mensch ist ein soziales Wesen. Man muss nur ein bisschen aufeinander zugehen, sich umarmen und schon ist alles Friede, Freude, Eierkuchen! Wunderbar, ich habe fast Tränen in den Augen: Aber schon mal Nachrichten geguckt oder ein Geschichtsbuch aufgeschlagen? Warum erleben wir dann so viele Konflikte und Kriege?

Auch hier kann die Wissenschaft Licht ins Dunkel bringen. Der Mensch ist ein Gruppenwesen. Das hat angenehme Vorteile, aber auch gefährliche Nachteile: Gruppenbildung und Gruppenbewusstsein sind wohl einmalig für die Spezies Homo sapiens. Bereits Säuglinge können zwischen Menschen aus der eigenen Gruppe und Fremden unterscheiden und mögen lieber Menschen, die ihre eigene Muttersprache sprechen. Kleinkinder ordnen Menschen instinktiv nach Ethnie und Geschlecht ein.

Die Bedeutung der eigenen Gruppenzugehörigkeit führt zu einer Einteilung der Menschen in die eigene Gruppe (der sogenannten Ingroup) und den anderen (der Outgroup). Das ist keineswegs auf Hautfarbe, Sprache und Kulturkreis beschränkt. Es gibt ein grundsätzliches Verhalten und Denken in Gruppenkategorien, die auch durchaus willkürlich sein können. So zeigen Experimente, dass Kinder problemlos umgehend eine Gruppenidentität entwickeln, auch wenn die Gruppen per Los eingeteilt werden oder auf zufälligen Kategorien basieren.

Die Vorteile liegen auf der Hand: Jahrtausendelang war die eigene Gruppe überlebenswichtig, und ein Ausschluss, eine Verbannung, glich einem Todesurteil angesichts der feindlichen Natur (→ S. 45).

Das Gefühl, zu einer gemeinsamen Gruppe zu gehören, bringt auch die für die menschliche Entwicklungsgeschichte so zentrale Fähigkeit der Kooperation und des Vertrauens hervor. Das Gruppenbewusstsein erlaubt es, vollkommen fremde Menschen als Mitglieder der eigenen Gruppe anzusehen und ihnen entsprechendes Vertrauen zu schenken. Menschen machen das, Schimpansen nicht.

Brauchen wir Feinde?

Das Gruppenbewusstsein ist auch in der Politik von enormer Bedeutung, beispielsweise bei der sogenannten nationalen Identität. (Übrigens: Eine Studie belegt, dass es sich bei angeblichen nationalen Charaktereigenschaften um eine reine Erfindung handelt.) In Wirklichkeit sagen das Geschlecht, die soziale Klasse und der Beruf das Verhalten der Menschen besser voraus als die Nationalität. Reiche in Köln und Kalkutta haben mehr miteinander gemeinsam als Menschen aus dem reichsten und ärmsten Viertel derselben Städte.

Samuel Huntington rief 1996 den „Kampf der Kulturen" aus, der Menschen- und Feindbilder der nächsten Jahrzehnte mitprägte. In seiner Einleitung zitiert er den Schriftsteller Michael Dibdin: „Ohne wahren Feinde keine wahren Freunde! Wenn wir nicht hassen, was wir nicht sind, können wir nicht lieben, was wir sind." Huntingtons Schlussfolgerung ist die Aufteilung der Welt in „den Westen und den Rest".

Eine Reihe von wissenschaftlichen Belegen deutet tatsächlich darauf hin, dass die positiven Verhaltensweisen, die wir innerhalb der eigenen Gruppe an den Tag legen, zwangsläufig mit negativem Verhalten gegenüber den Menschen einhergehen, die wir als fremd einstufen. Das eine ist vom anderen anscheinend nicht zu trennen. Ein Experiment mit Fußballfans belegt eindrücklich: Wenn der Fan eines Fußballclubs erlebt, wie ein Fan seines eigenen Vereins einen Stromschlag erhält, empfindet er Mitgefühl. Beobachtet er aber den Schmerz eines Fans eines verfeindeten Clubs, verspürt er Schadenfreude. (Einfach mal Schalke- und BVB-Fans fragen...!) Auch unsere Hilfsbereitschaft hängt davon ab, ob der Mitmensch zu unserer Gruppe gehört oder nicht. Und wir verurteilen Unfairness, die von Menschen der eigenen Gruppen begangen wird, nicht so hart wie ungerechtes Verhalten von Fremden. Kennst Du dafür Beispiele? Kommt Dir das auch aus der Politik bekannt vor?

„Die Ablehnung anderer Gruppen ist der evolutionäre Kampfpreis, um dessentwillen sich unsere Kooperationsfähigkeit entwickelt hat."
(Richard David Precht)

Der Nachteil liegt auf der Hand. Denn mit dem starren Gruppendenken geht leider auch eine Gefahr einher: Die anderen werden als eine homogene Masse austauschbarer Menschen betrachtet, die man auf stereotype Merkmale reduziert, während die eigene Gruppe selbstverständlich nur aus Individuen besteht, die man bitte auf gar keinen Fall einfach über einen Kamm scheren darf. Die Motivation der Ingroup wird eher als menschlich, moralisch hochstehend und wertegeleitet wahrgenommen. Der Outgroup, dem Fremden, dem Gegner, unterstellt man automatisch das Gegenteil: eine moralisch-menschlich niedrig stehende, wenn nicht gar bösartige Motivation für sein Verhalten. (In der Fachsprache nennt man das „Motive-Attribution-Asymmetry".) Ein perfekter Nährboden für jede Form der Propaganda. Achte mal drauf!

Begegnung als Ausweg

Aber wie kommen wir aus dieser Sackgasse der menschlichen Natur? Gerade angesichts der globalen Probleme, die wir nur mithilfe einer weltweiten Kooperation überwinden können?

In den 1950er-Jahren entwickelte der Sozialpsychologe Gordon Allport die bedeutende Kontakt-Theorie. Allport erklärte, Vorurteile könnten durch einen gleichberechtigten Kontakt abgebaut werden (aber keinen oberflächlichen, „touristischen" Kontakt, wie er betonte). Das berühmteste Beispiel für den Erfolg der Kontakttheorie sind die Fraternisierungen im Ersten Weltkrieg, als Soldaten verfeindeter Länder wiederholt miteinander Essen teilten, Fußball spielten, sich gegenseitig halfen und gemeinsam Weihnachten feierten. Die Soldatenbriefe zeigen: Allein die dauerhafte Nähe zum Gegner im Grabenkrieg machte ihnen oft klar, dass sie den verfeindeten Menschen näher waren als der Heimatfront. (Viele tolle Geschichten von gelungenen Kontakten findest Du mithilfe des QR-Codes auf der nächsten Doppelseite!)

Die Wissenschaft bestätigt die wunderbare Kraft der Begegnung. Eine aufwendige Metastudie, die 515 Studien aus 38 Ländern auswertete, kommt zum Schluss: Gleichberechtigter Kontakt verringert deutlich Vorurteile und Abwertungen.

„Mit Menschen zu sprechen, die anders sind als wir, kann radikal verändernd sein. Es ist das Gegenmittel zur Angst.“ (Kio Stark)

Die Überzeugung, dass die besondere Wertschätzung für die Ingroup zwingend eine Abwertung der Outgroup erfordere, ist keineswegs so sicher. Eine weltweite Analyse von 186 traditionell ausgerichteten Gesellschaften zeigt, dass sich dort keine Beweise für einen Zusammenhang zwischen Gruppenloyalität und Hass auf die Outgroup finden lassen.

„Wir heiraten die Leute, die wir bekämpfen.“
(Redensart der Mae Enga von Papua Neuguinea)

Auch beim Experiment mit den Fußball-Fans kann der Gruppengegensatz überwunden werden. Ein kleiner Trick reicht aus: einfach die Fans an ihre gemeinsame Liebe zum Fußball zu erinnern! Anschließend helfen die Menschen Fans des Erzfeindes ebenso sehr wie Fans des eigenen Vereins. Genau das geschieht auch in der Wirklichkeit, wie zum Beispiel bei der Hillsborough-Katastrophe 1989 beim Pokalhalbfinale zwischen Liverpool und Nottingham Forest.

„Ich glaube nicht, dass irgendjemand Liverpool-Fans und Nottingham-Forest-Fans gesehen hat. Die Leute hörten auf, Anhänger eines Fußballvereins zu sein und waren einfach nur Menschen.“
(Überlebende(r) der Hillsborough-Katastrophe)

Ein möglicher Grund: Unsere moderne Welt wird zunehmend polarisiert, und wir richten uns in unserer Filterblase Gleichdenkender ein. Kontakt mit anderen wird deshalb maximal reduziert.

„Arlie Russell Hochschild schreibt: ‚Weil wir uns nicht mehr kennen, ist es so einfach, sich in Abscheu und Verachtung einzurichten.' Sie hätte noch hinzufügen können: ‚Weil wir uns in Abscheu und Verachtung einrichten, lernen wir uns nicht mehr kennen.'" (Bastian Berbner)

Was kann eine Lösung sein? Möglichst bewusst die Filterblasen auflösen. Auch eine Begegnung, ein offenes Gespräch kann helfen. Ein offenes Gespräch setzt aber gerade den eigenen Willen voraus, nicht nur dem anderen die eigenen Argumente in einem Dauermonolog aufzuzwingen, sondern vielmehr das offene Interesse, den Willen zum Zuhören und Verstehen. (Und NEIN, Verstehen wollen heißt nicht zwangsläufig Verständnis haben, sondern ist Grundvoraussetzung für kritisches und differenziertes Denken.)

Wann hast Du zum letzten Mal mit jemandem gesprochen, der ganz anders als Du denkt – oder zumindest eine ganz andere Meinung hat?
Und wenn Du es heute einfach mal wieder ausprobierst?

*„So wie das Stammesdenken der natürliche Feind der Empathie ist, ist die Empathie auch der natürliche Feind des Stammesdenkens."
(Bastian Berbner)*

Noch eine gute Nachricht: Es scheint, dass sich in der Geschichte der Kreis der Menschen, die wir zu unseren eigenen Gruppen zählen, immer mehr ausbreitet!

„Der Kreis des Altruismus hat sich von der Familie und dem Stamm auf die Nation und die Rasse ausgeweitet, und wir beginnen zu erkennen, dass sich unsere Verpflichtungen auf alle Menschen erstrecken." (Peter Singer)

Fazit Teil 2: Soziale Wesen

- Der Mensch ist ein soziales Wesen. Soziale Verbundenheit ist wunderbar für Gesundheit und Wohlbefinden, insbesondere wenn wir mitmenschliche Gefühle einbringen. Ungewollte Einsamkeit aber ist extrem gefährlich für Leib und Seele.
- Soziale Unterstützung zu erleben, tut gut. Unsere Mitmenschen zu unterstützen, ist wahrscheinlich sogar noch besser für Wohlbefinden und Gesundheit.
- Vertrauen ist ein ganz besonderes, lebenswichtiges Gut, das Menschen zusammenhält. Menschen, die vertrauen können, leben länger.
- Begegnungen mit Unbekannten stehen nicht hoch im Kurs, obwohl sie für das soziale Wesen Mensch so wichtig sind und unser Wohlbefinden verbessern.
- Berührungen sind existenziell. Besonders für Säuglinge und Kinder sind sie überlebenswichtig. Aber auch für Erwachsene sind Berührungen Balsam für Körper und Seele.
- Das Gruppenbewusstsein des Menschen, das in „meine" Gruppe und „die Anderen" aufteilt, ist in der Natur angelegt. Sie muss aber nicht mit Hass oder Abwertung der „Anderen", der Fremden, einhergehen.
- Ehrliche Begegnungen können Vorurteile abbauen, die unsichtbare Grenze überschreiten, und den Kreis ausweiten, wer zu „meiner" Gruppe gehört. Schließlich sind wir alle Teil unserer „Menschheitsfamilie"!

„Der Mensch ist das sozialste aller Tiere."
(Sue Gerhardt)

Teil 3: Moral und Gerechtigkeit

Ist unser moralisches Empfinden angeboren oder Resultat von moralischen und sozialen Normen, die durch Erziehung und Kultur vermittelt werden? Weder das eine noch das andere garantiert natürlich ein moralisches Verhalten. Denn Moral hängt auch an Regeln, und da kann es schon mal sehr kompliziert werden. Lies zum Beispiel mal die „Kritik der praktischen Vernunft" von Immanuel Kant.

„Der Mensch muß also zum Guten erzogen werden; der aber, welcher ihn erziehen soll, ist wieder ein Mensch, der noch in der Rohigkeit der Natur liegt und nun doch dasjenige bewirken soll, was er selbst bedarf." (Immanuel Kant)

„Die sozialen Instinkte – die wichtigste Grundlage der moralischen Konstitution des Menschen – (führen) mit der Unterstützung der sich äußernden intellektuellen Kräfte und der Wirkungen der Gewohnheit naturgemäß zu der goldenen Regel: ‚Was Ihr wollt, dass man Euch tue, das tut auch anderen', und dies ist der Grundstein der Moralität." (Charles Darwin)

Haben Menschen ein angeborenes moralisches Empfinden?

Von Natur aus sind Menschen mit einem moralischen Empfinden beschenkt.

Keine Frage: Die Bärenmeinung dürfte am weitesten verbreitet sein und war jahrhundertelang die Mehrheitsmeinung. Kinder müssen zivilisiert und gezüchtigt werden, damit sie zu moralischen Wesen werden. Dabei muss der Tyrann in ihnen beherrscht, ihrem Willen die Grenzen aufgezeigt und ihr Egoismus überwunden werden. Gerne auch durch Strafen, damit die moralischen und sozialen Normen sich lebenslang einschreiben. Ganze Bücherregale voll mit entsprechenden Elternratgebern dürften Beweis genug für diese weitverbreitete Überzeugung sein.

Die Wirklichkeit sieht aber anders aus. Kleinkinder sind faszinierend! Schon in einem sehr frühen Alter, in dem Erziehung und Kultur noch keinen nachweisbaren Einfluss auf ihr Verhalten haben und sie kaum laufen können, zeigen sie ein beeindruckendes Maß an mitmenschlichem Verhalten:

- Kleinkinder reagieren auf die Traurigkeit anderer Kleinkinder, indem sie sie trösten und ihnen Spielzeuge geben.
- Kleinkinder zeigen bemerkenswertes Mitgefühl: Beim Spielen gibt es immer wieder Momente des Teilens, des Tröstens und der Kooperation.
- Kleinkinder helfen spontan und ohne Aufforderung.

„Diese Kinder sind so klein, dass sie noch Windeln tragen und kaum sprechen können, und trotzdem zeigen sie schon Verhaltensweisen gegenseitiger Hilfe.“ (Studienleiter Felix Warneken)

Natürlicher Gerechtigkeitssinn

Und die Moral? Lange Zeit ging man davon aus, dass Kinder erst im Alter von sechs oder sieben Jahren durch die Erziehung ein gerechtes Verhalten entwickeln können. In Wirklichkeit aber offenbart sich ein Sinn für Gerechtigkeit schon sehr früh. Bereits im zarten Alter von drei Monaten erkennen Kleinkinder ein unsoziales Verhalten und lehnen die verantwortliche Person ab.

Bei einem beeindruckenden Experiment zeigt man Dreikäsehochs zwischen sechs und zehn Monaten ein Puppenspiel, in dem eine Figur vergeblich versucht, einen Hügel hinaufzukommen. Dann erscheint eine weitere Figur und schiebt sie hinauf, bevor eine dritte Figur auftaucht, die sie den Hügel wieder nach unten schubst. Wenn die Kleinkinder anschließend eine Puppe zum Spielen aussuchen dürfen, entscheiden sie sich mit deutlicher Mehrheit für den Helfer. (Übrigens: Von dem Experiment gibt's auch Videos!)

Eine spannende Variante des Experiments: Kleinkindern wird wieder die freundliche und die egoistische Puppe gezeigt, die diesmal miteinander Ball spielen. Sobald ihnen der Ball herunterfällt, treten zwei weitere Figuren auf, die entweder den Ball wegnehmen oder zurückgeben. Unabhängig von ihrem Alter freuen sich die Kinder, wenn die freundliche Puppe den Ball wiederbekommt. Handelt es sich jedoch um die unfreundliche Figur, unterscheiden sich die Reaktionen der Kinder. Die fünf Monate alten Kinder nehmen lieber die Puppe, die den Ball zurückgibt. Acht Monate alte Kinder jedoch bevorzugen die Figur, die der unfreundlichen Puppe den Ball wegnimmt. Offenbar haben sie das vorherige negative Verhalten der Puppe in Erinnerung und empfinden dies als gerechte Strafe.

Übrigens: Schimpansen bestrafen nur, wenn sie selbst das Opfer sind. Kleinkinder halten die Bestrafung jedoch generell für gerecht, unabhängig davon, ob sie selbst das Opfer sind oder nicht.

„Das zeigt, dass wir über essenzielle soziale Fähigkeiten verfügen, ohne sie explizit erlernen zu müssen." (Studienleiterin Kiley Hamlin)

In einem weiteren Experiment zeigt sich, dass Kinder im zweiten Lebensjahr ihr eigenes Verhalten nach den Aktionen der Puppen ausrichten. Sollen sie jemandem etwas schenken, wählen sie stets die freundliche Puppe. Sollen sie jemandem etwas wegnehmen, ist immer die unfreundliche Puppe das Opfer.

„Der Sinn für Moral manifestiert sich spontan bei Kleinkindern und ist nicht auf den Einfluss der Eltern, der sozialen Normen und die Erwartungen der Gesellschaft zurückzuführen." (Jonathan Haidt)

Erstaunlich auch: Kleinkinder, die gerade 15 Monate alt sind, bemerken eine ungerechte Verteilung. Kinder, die in Fragen der Moral besonders weit entwickelt waren, zeigen eine wichtige Gemeinsamkeit: Sie haben viel Zeit zum gemeinsamen Spielen. Warum? Spiele geben viele Gelegenheiten zum Rollenwechsel, was so wichtig für die Entwicklung des Perspektivwechsels und damit für die Moral ist. Ein Umstand, der allen Optimierungsfanatikern und Helikoptereltern zu denken geben sollte.

Protopische Erkenntnis

Die Natur hat uns Menschen ein moralisches Empfinden in die Wiege gelegt. Die Frage ist also erst einmal weniger, wie man Kindern ein Gerechtigkeitsgefühl anerzieht, sondern, wie man es achtsam wachsen und gedeihen lässt.

„Das moralische Empfinden ist größtenteils angeboren."
(Matthieu Ricard)

wenn er selbstgerecht wird.

Wie reagiert ein Kleinkind, wenn es nach gemeinsamer Arbeit mehr Belohnungen erhält als der Partner?

Nach gemeinsamer Arbeit teilt das bevorzugte Kleinkind meistens.

„The winner takes all“ gibt es tatsächlich in der Natur: Wenn zwei Schimpansen gemeinsam eine Aufgabe lösen und anschließend ein Schimpanse als Erster auf zwei Belohnungen stößt, behält er beide. Kleinkinder verhalten sich aber grundsätzlich anders, fairer und kooperativer.

Gemeinsam und gerecht

Ein paar Beispiele gefällig? Wenn ein dreijähriges Kind nach einer gemeinsamen Aufgabe zwei Belohnungen und der Partner nur eine bekommt, bringt das bevorzugte Kind fast immer ein Opfer, um gerecht zu teilen. Achtjährige Kinder werfen sogar lieber eine Belohnung weg, um eine ungleiche Verteilung zu vermeiden. Auch, wenn sie selbst damit ein Opfer bringen müssen.

Ein weiteres Experiment: Zwei dreijährige Kinder sollen gemeinsam eine Holzlatte eine Treppe hinauftragen. Das Besondere: Die Vorrichtung ist so konstruiert, dass eines der Kinder sich schon deutlich früher seine Belohnung abholen kann, während sich das andere Kind noch die restlichen Treppenstufen hinaufkämpfen muss. So gut wie alle Kinder, die eigentlich die Aufgabe beendet haben, helfen weiter, damit auch der Partner die Belohnung erhalten kann. Drei Viertel der Kinder helfen sogar sofort, ohne sich erst ihre Belohnung zu genehmigen.

Ein weiteres Beispiel: Zwei dreijährige Kinder ziehen gemeinsam an einem Seil, um ein Brett heranziehen und so an ein Spielzeug oder an eine Box mit Süßigkeiten zu gelangen. Die Aufgabe ist anstrengend, und ein Kind hätte hierfür alleine nicht genug Kraft. Nachdem die Kinder erfolgreich sind und die Box bei ihnen ankommt, gibt es manchmal darin nur ein Loch, sodass regelmäßig ein Kind in der Versuchung ist, die gesamte Belohnung für sich alleine zu sichern. Doch fast immer teilen die Kinder den Fund gerecht auf.

„Wir waren überrascht, dass (...) Gleichheit so stark bevorzugt wurde. Es war selten der Fall, dass ein Kind alles nahm und das andere Kind zu sagen hatte: ‚Hey, das ist nicht fair.' Manchmal machte sogar ein Kind seinen Partner darauf aufmerksam, wenn er nicht seinen Teil genommen hatte." (Studienleiter Felix Warneken)

Protopische Erkenntnis

Kleinkinder haben bei gemeinsamen Aufgaben ein starkes Empfinden für Gerechtigkeit.

Die Frage bleibt: Wie kann man erklären, dass Kinder später dieses Gefühl verlieren und auch der Spielplatz nicht immer der Himmel auf Erden ist?

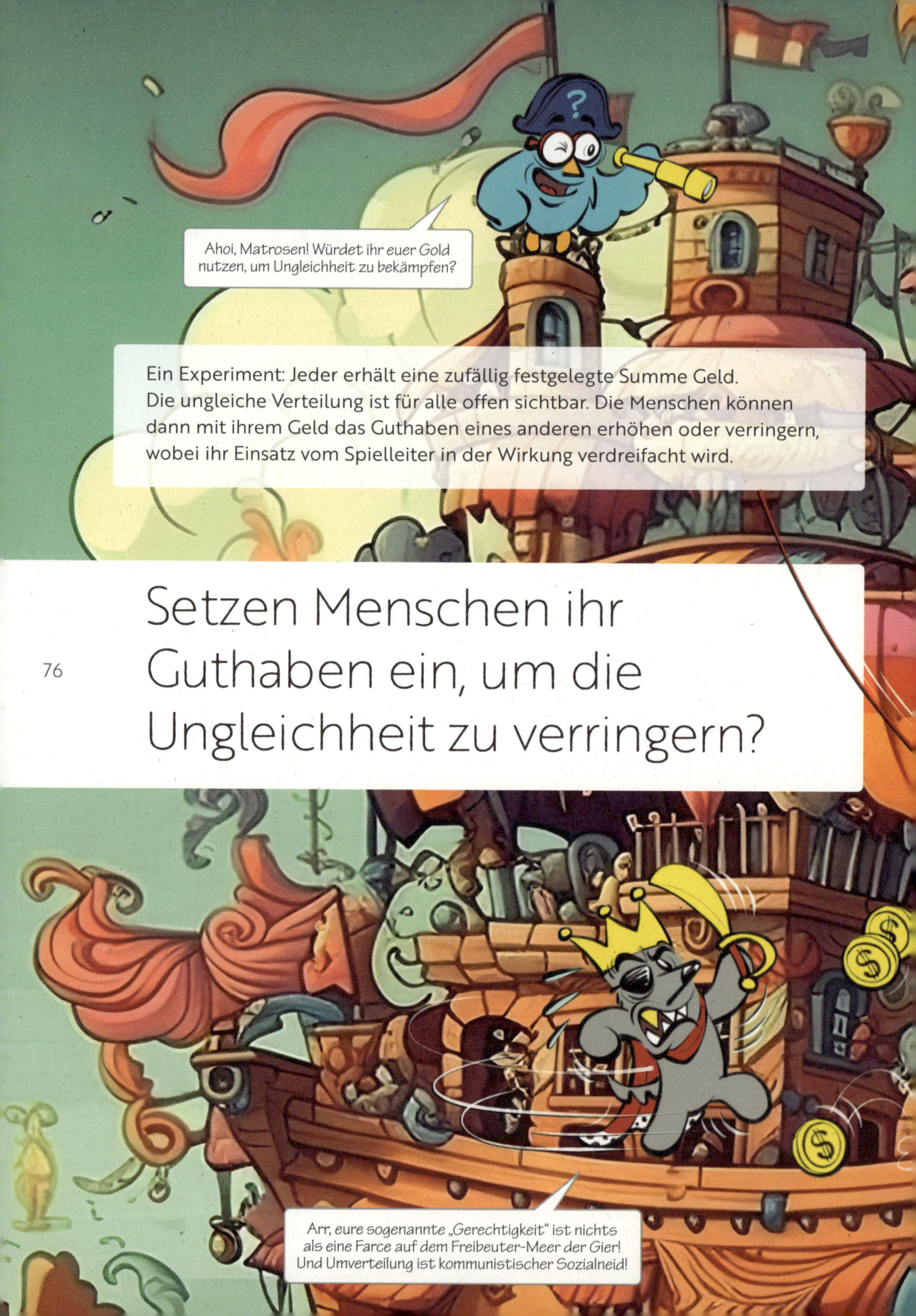

Ein Experiment: Jeder erhält eine zufällig festgelegte Summe Geld. Die ungleiche Verteilung ist für alle offen sichtbar. Die Menschen können dann mit ihrem Geld das Guthaben eines anderen erhöhen oder verringern, wobei ihr Einsatz vom Spielleiter in der Wirkung verdreifacht wird.

Setzen Menschen ihr Guthaben ein, um die Ungleichheit zu verringern?

Wusstest Du? Viele Piraten lebten überraschend fair und gleichberechtigt – ein starker Gegensatz zur heutigen Welt, in der die Ungleichheit explodiert und das Vermögen extrem einseitig verteilt ist. Die fünf reichsten Familien in Deutschland besitzen mehr als die ärmere Hälfte der Bevölkerung.

Die meisten Menschen geben einen Teil, um die Ungleichheit zu verringern.

Nach der klassischen Wirtschaftswissenschaft kann der Mensch bei diesem Experiment eigentlich überhaupt kein Interesse daran haben, sein eigenes Geld für andere einfach so zu opfern. Und schon gar nicht, um Arme reicher zu machen. Aber reale Menschen unterscheiden sich massiv von dieser Vorstellung. In diesem Experiment kennen sich die Spieler nicht und können sich auch nicht sehen. Die Gruppe wird nach jeder Runde neu zusammengesetzt, um Rache- oder Dankbarkeitsreaktionen auszuschließen.

Das Ergebnis: Zwei Drittel geben einen Teil ihres Geldes, einzig um den Besitz anderer zu verändern. Zwar nehmen gut zwei Drittel der Menschen dadurch mindestens einmal jemand anderem etwas weg, aber faszinierenderweise opfern knapp drei Viertel mindestens einmal einen Teil ihres eigenen Geldes, um andere zu beschenken. Entscheidend für das Verhalten der Menschen ist die Ungleichheit in der Gruppe. Deshalb wird fast immer eine Person beschenkt, die wenig Geld hat, beziehungsweise die Vermögen jener Menschen verringert, die besonders viel Geld bekommen haben.

„Die Beweise deuten darauf hin, dass soziale Ungleichheit negative Emotionen hervorruft, die sowohl die Verringerung als auch die Erhöhung des Einkommens anderer motivieren." (Studienteam um Christopher Dawes)

Mit anderen Worten: Der Mensch hat offenbar von Natur aus eine Art Widerwillen gegen eine zu große Ungleichheit. In der Wissenschaft nennt man das „Ungleichheits-Aversion". Die natürliche Reaktion der Menschen widerspricht also einer Reihe von Wirtschaftswissenschaftlern, die betonen, wie wichtig eine große Ungleichheit sei. Denn angeblich ist die Ungleichheit ja ein Garant für Wachstum und Motivator in der Leistungsgesellschaft. (Wenn Du mehr zum Thema Ungleichheit wissen willst, mach Dich für einen Ausflug bereit!)

Im Gehirn verankert

Diese Aversion ist real und sogar in unserem Gehirn von Natur aus angelegt. Eine leichte Abwandlung des Experiments bringt den Beweis. Nun liegt jeweils ein Mensch der Gruppe in einem sogenannten fMRI (einer Art Gehirnscanner), um die Gehirnprozesse beobachten zu können. Dieser zeigt: Wenn andere zusätzlich Geld erhalten, obwohl sie bereits mehr als man selbst besitzen, empfinden Menschen Schmerzen. Aber das Belohnungszentrum reagiert positiv auf einen Geldtransfer zu anderen, wenn man selbst bereits mehr besitzt. Das Social Brain belohnt also die Herstellung einer zunehmenden Gleichheit in der Gruppe und macht damit seinem Namen alle Ehre!

In einem anderen Experiment konnte sogar gezeigt werden, dass unser Social Brain eine faire Verteilung mehr belohnt als einen reinen Gewinn für uns selbst. Fairness ist für das Social Brain also in gewisser Hinsicht wichtiger als Egoismus!

Noch eine gute Nachricht: Untersucht man bei einer gerechteren Umverteilung das anschließende Glücksgefühl der Menschen, so stellt sich heraus: Arme gewinnen mehr an Glück hinzu, als Reiche an Glück verlieren. Die Wissenschaft kann belegen, dass Menschen sich also insgesamt besser fühlen, je ausgeglichener das Geld in ihrem Land verteilt ist.

An diese Erkenntnis fügt sich noch ein anderes wissenschaftliches Ergebnis: Umverteilung in einer Gesellschaft erhöht die Lebenserwartung der Menschen und ihr prosoziales Verhalten! Leider hat sich diese Erkenntnis aber noch nicht bis zu den politischen Entscheidungsträgern herumgesprochen.

Protopische Erkenntnis

Menschen haben von Natur aus einen Widerwillen gegen eine übermäßige Ungleichheit. Sie wird als unnatürlich empfunden und schmerzt sogar. Zudem verringert starke Ungleichheit nicht nur unser Glücksgefühl, sondern auch unsere Lebenserwartung.

Vielleicht sollten wir mal die Frage diskutieren, wie wir die wachsende Ungleichheit reduzieren können?

Ein Experiment: Eine Person erhält 100 Euro. Sie muss jemandem, den sie weder kennt noch sieht, vorschlagen, wie das Geld untereinander aufgeteilt werden soll. Akzeptiert die andere, wird das Geld entsprechend geteilt; lehnt sie ab, erhalten beide nichts.

Welche Aufteilung wird am häufigsten vorgeschlagen?

Die meisten Menschen bieten fast die Hälfte an.

Das sogenannte Ultimatum-Spiel bietet ein extrem einfaches Experiment, um herauszufinden, ob wir uns eher egoistisch verhalten oder uns von einem Gefühl für Fairness leiten lassen.

Der Wirtschaftswissenschaftler Axel Ockenfels erklärt, welche Prognose die klassische Wirtschaftswissenschaft machen würde:

„Sie geben mir einen Euro, denn das ist, was ‚Homo oeconomicus' tun würde unter der Annahme: ‚Mehr Geld ist besser als weniger Geld'. Wenn Sie mir einen Euro geben und ich annehme, dann bekomme ich einen Euro. Wenn ich ablehne, bekomme ich nichts. Und da ein Euro besser ist als nichts, nehme ich an. Da Sie ‚Homo oeconomicus' sind, antizipieren Sie dieses Verhalten und dürfen sich darauf freuen, dass Sie fast den gesamten Kuchen kriegen und ich fast nichts."

Das wäre die simple, egoistische, individuelle Nutzenmaximierung rational agierender Menschen. Die Investition wird minimiert. Der Gewinn maximiert. Der Gier Genüge getan. Geiz ist geil! Genau das wurde auch erwartet, als in den 1980er-Jahren mit diesem Spiel zum ersten Mal experimentiert wurde. Und übrigens: Schimpansen verhalten sich tatsächlich meistens genauso. (In einem späteren Exkurs erfährst Du übrigens mehr zum „berühmt-berüchtigten" Homo oeconomicus! → S. 102 ff.)

Fair gewinnt!

Die Ergebnisse zahlloser Studien zeigen: Menschen bieten in der Regel zwischen 40 und 50 Prozent an. Angebote, die unter 30 Prozent liegen, lehnt die Hälfte der Menschen ab. Sie verzichten also lieber auf schnell verdientes Geld, als eine Aufteilung zu akzeptieren, die sie als unfair empfinden. Kein Wunder, denn unfaire Angebote lösen im Gehirn des betroffenen Menschen Schmerz aus.

„Sie können das Spiel auch 100 Mal wiederholen, das Ergebnis ist immer dasselbe: Die Leute haben eine Unfairness-Aversion. Sie wollen den anderen dafür bestrafen, dass er unfair war." (Axel Ockenfels)

Die Fairness der Angebote veränderte sich nicht, wenn das aufzuteilende Geld ein Wochengehalt war. Nicht einmal wenn es um drei Monatsgehälter ging!

Das Diktator-Spiel

Eine Variante des Ultimatum-Spiels ist das sogenannte Diktator-Spiel. Die Grundsituation ist dieselbe, allerdings mit dem kleinen, aber feinen Unterschied, dass Verteilungsangebot definitiv ist. Dem Partner wird keine Möglichkeit eingeräumt, über die Annahme zu entscheiden. Der Diktator kann seinem Egoismus also freien Lauf lassen, ohne die Strafe zu riskieren, dass der unbekannte Mitspieler sein Angebot ablehnt. Meins, nicht Deins! Und das ohne irgendeine Gefahr! Der Homo oeconomicus kann endlich den Schleier fallen lassen.

Die Prognose der klassischen Wirtschaftswissenschaft findet man auch ohne Taschenrechner. Wie aber verhalten sich Menschen aus Fleisch und Blut? Im Schnitt geben die „Diktatoren“ immer noch mehr als ein Viertel ab! Jedes Angebot über null stellt für sie einen realen Verlust dar und ist aus wirtschaftlicher Sicht schlicht irrational. Die klassische Wirtschaftswissenschaft fokussiert auf egoistische Motive und übersieht leicht, dass sich Menschen auch sehr stark von ihrem Gefühl für Fairness leiten lassen.

Protopische Erkenntnis

Selbst wenn Menschen bei Experimenten gefahrlos ihren angeblichen Egoismus ausleben können, verhalten wir uns erstaunlich altruistisch.

Ein Portemonnaie mit bis zu 80 Euro wird gefunden.

Sind die Finder ehrlich und geben es zurück?

Welchen Einfluss hat es, wie viel Geld sich darin befindet?

Ehrlichkeit hängt nicht vom Geld ab. Knapp die Hälfte gibt das Portemonnaie zurück.
Ist doch klar! Je mehr Kohle, desto größer die Versuchung! Höchstens ein knappes Viertel gibt die 80 Euro zurück.
Je mehr Geld im Geldbeutel steckt, desto eher geben es die Menschen zurück. Bei 80 Euro sind das vielleicht zwei Drittel.

Je mehr Geld, desto ehrlicher. Gut zwei Drittel geben die 80 Euro zurück.

Schauen wir jetzt einmal, wie sich Menschen verhalten, wenn sie im realen Leben und nicht im Labor getestet werden: Vor diesem groß angelegten Experiment mit 17.000 Menschen in 40 Ländern wurden Wirtschaftswissenschaftler und normale Bürger nach ihrer Einschätzung befragt. Beide Gruppen waren überzeugt: Menschen sind weniger ehrlich, je mehr Geld im Portemonnaie steckt.

Und was zeigt die Wirklichkeit? Das Gegenteil ist der Fall! Je höher die Beträge sind, desto mehr Geldbörsen werden zurückgegeben:

- Bei leeren Portemonnaies kommen 40 Prozent zum Besitzer zurück.
- Bei zwölf Euro werden etwas mehr als die Hälfte zurückgegeben.
- Bei 80 Euro zeigen sich 71 Prozent der Finder ehrlich.

„Unsere Studie zeigt nun, dass dies ein globales Phänomen ist, in armen und reichen Ländern, bei Männern und Frauen, bei Jung und Alt."
(Studienleiter Christian Lukas Zünd)

Die Wirtschaftswissenschaftler und die befragten Bürger lagen also komplett daneben. (Das Phänomen existiert in den unterschiedlichsten Ländern, und die Ehrlichkeit ist damit nicht das Resultat einer moralischen oder sozialen Norm.) Überleg mal, wie oft Du automatisch davon ausgehst, dass Menschen unehrlich sind (was natürlich durchaus mal vorkommt), und versuche Dich daran zu erinnern, wie oft Du von Ehrlichkeit überrascht wurdest. Und woran erinnerst Du Dich eher?

Selbstbild

Neben einer generell überraschend hohen Ehrlichkeit sehen die Studienleiter das Selbstbild der Menschen als ausschlaggebend an. Das Selbstbild beschreibt, wie die Menschen sich selbst sehen beziehungsweise sehen wollen. Die Wissenschaftler erklären das überraschende Verhalten durch „eine Kombination aus altruistischen Bedenken und einer Abneigung, sich selbst als Dieb zu sehen". Beide nehmen logischerweise zu, je mehr Geldscheine im gefundenen Portemonnaie stecken.

Das aktuelle Experiment bestätigt übrigens auch das Ergebnis einer Reihe kleinerer Experimente des gleichen Typs in der Vergangenheit.

„Die Studie zeigt, dass wir ein zu negatives Menschenbild haben. Menschen sind ehrlicher als gedacht." (Christian Lukas Zünd)

Protopische Erkenntnis

Je mehr Geld gefunden wird, desto eher geben Menschen es zurück. Menschen sind ehrlicher, als wir denken. Also können wir uns gegenseitig eigentlich auch mehr Vertrauen schenken!

Exkurs 3: Vernunft und Gefühl

Bei dem Thema des menschlichen Empfindens für Moral und Gerechtigkeit landet man schnell bei der Frage, wie wir eigentlich moralische Entscheidungen fällen. Welche Rolle spielt hierbei unsere Vernunft und unser Gefühl? Das ist sicherlich einen kleinen Exkurs wert!

Als Wegbereiter der Aufklärung stellte René Descartes in der ersten Hälfte des 17. Jahrhunderts fest, „Ich denke, also bin ich" und betonte die radikale Trennung von Körper und Geist. Das Ziel: Durch die Emanzipation der Vernunft sollte wissenschaftliche Erkenntnis auch ohne Theologie möglich sein, die bis dahin die Basis gewesen war.

„Ich lasse jetzt nichts gelten, als was notwendig wahr ist; demnach bin ich genau genommen lediglich ein denkendes Ding." (René Descartes)

Immanuel Kant war überzeugt – und mit ihm die meisten Philosophen –, dass es die Vernunft ist, die Antworten auf moralische Fragen geben kann und man nicht dem Gefühl vertrauen solle. (Wobei Kants zentrale Arbeit darin bestand, die Grenzen unserer Erkenntnisfähigkeit zu bestimmen, also, was wir wirklich wissen können.) Der rationale Mensch, der nicht Sklave seiner Gefühle ist, war das Produkt der Aufklärung und Inbegriff der Hoffnung auf Fortschritt. Auch in der Moral. Es ist kaum übertrieben zu sagen, dass der Vernunft im westlichen Denken ein Ehrenplatz eingeräumt wird, während man dem Gefühl sehr misstrauisch begegnet. Denn Gefühle können ja bekanntlich täuschen.

Auch heute ist die Überzeugung nach wie vor weit verbreitet, dass die Fähigkeit, moralische Fragen gut zu begründen, auch gutes Verhalten bewirkt. Eine Studie gibt einen ersten kleinen Dämpfer: Denn Moralphilosophen, deren täglich Brot das Nachdenken über Fragen der Moral ist, verhalten sich leider keineswegs besser als der Durchschnittsmensch.

„Die Anbetung der Vernunft ist selbst eine Illusion, einer der langlebigsten Wahnvorstellungen in der westlichen Geschichte: der rationalen Täuschung."
(Jonathan Haidt)

Willkommen in der Matrix

Ein grundlegendes Experiment entdeckt etwas zutiefst Überraschendes: Menschen werden mit schwierigen moralischen Fragestellungen konfrontiert, während ihr Gehirn mithilfe eines fMRI (eine Art Gehirnscanner) beobachtet wird. Ergebnis: Zuerst treffen Menschen die Entscheidungen aufgrund ihrer Gefühle. Argumente der Vernunft, die ohne Ausnahme die Entscheidung bestätigen, werden aber erst Sekundenbruchteile später gefunden. Bei vielen moralischen Fragen können die Menschen (auch für sich selbst) keine logisch überzeugenden Argumente vorbringen, obwohl sie etwas für eindeutig halten.

„Die Intuition kommt an erster Stelle, das strategische Denken an zweiter." (Jonathan Haidt)

Menschen befürworten also ganz klar eine moralische Position, noch bevor ihnen selbst überhaupt bewusst ist, welche Entscheidung sie getroffen haben! Vernunftserklärungen für moralische Entscheidungen sind nachgeschoben. Wenn Menschen sich schneller entscheiden müssen, fällt ihre Entscheidung auch nicht unmoralischer aus.

„Wie auch immer ich mich in einer moralischen Situation entscheide, stets entscheide ich danach, welcher Affekt in mir am stärksten ist. Das stärkste Gefühl trägt den Sieg davon. Und der Verstand ist nichts als der Pressesprecher des Gehirns, der wortreich rechtfertigt, was unser Kanzler, das Gefühl, längst entschieden hat." (Richard David Precht)

Descartes' Irrtum

Es gibt keine Dichotomie: Vernunft auf der einen Seite – Gefühl auf der anderen Seite. Diese radikale Trennung bezeichnet ein bekannter Neurowissenschaftler als „Descartes' Irrtum":

„Darin liegt Descartes' Irrtum: in der abgrundtiefen Trennung von Körper und Geist, von greifbaren, ausgedehnten, mechanisch arbeitendem, unendlich teilbarem Körperstoff auf der einen Seite und dem ungreifbaren, ausdehnungslosen, nicht zu stoßenden und zu ziehenden, unteilbaren Geist auf der anderen." (Antonio Damasio)

Die Richtung unseres Denkens hängt vielmehr mit unserem Gefühl zusammen. Beispiele gefällig? Unser Verhalten anderen Menschen gegenüber ändert sich, wenn wir eine warme Tasse oder ein kaltes Glas in den Händen halten. Sonne und Wetter haben Einfluss auf unsere politische Wahrnehmung und Einstellung. Die Treffgenauigkeit der menschlichen Intuition bei der Wahrnehmung eines bestimmten Sachverhalts kann mehr als verdoppelt werden, wenn die Menschen zuvor in eine positive Stimmung versetzt werden. Und Richter fällen mit einem leeren Magen härtere Urteile als ihre Kollegen, die zuvor gut gegessen haben. (Vielleicht sind wir auch einfach deutlich weniger rational, als wir gerne glauben → S. 104 f.)

„Gehirn und Körper sitzen in einem Boot und machen gemeinsam den Geist möglich." (Antonio Damasio)

Es ist bedenklich, dass in der Geschichte des Westens Gefühle gerne so stiefmütterlich behandelt werden. Das offenbart, wie wir bei so einer zentralen Frage wie der Natur des Menschen komplett danebenliegen können. Denn in Wirklichkeit können wir nämlich gar nicht denken, ohne zu fühlen. Der Verstand braucht zwingend das Gefühl, um überhaupt funktionieren zu können. Einen ungewollten Beweis liefern Menschen, die in Folge extrem seltener Hirnschädigungen an einer radikalen Unterdrückung ihrer Gefühle leiden. Ihr Intelligenzquotient ist unverändert, sie können Gut und Böse weiterhin intellektuell problemlos unterscheiden und schneiden auch bei Moraltests gut ab. Erstaunlich aber: Sie haben massive Probleme im Alltag, überhaupt eine Entscheidung fällen zu können. Wenn es ihnen dennoch mal gelingt, sind die Entscheidungen meist völlig absurd. Ganz so, als sei ihnen der Kompass verloren gegangen.

Frappierend auch dieses Experiment: Menschen, die sich nach einer ersten Phase der bewussten, rationalen Analyse in einer zweiten Phase ihren intuitiven Eindrücken überlassen sollten, treffen objektiv die weit besseren Entscheidungen als Menschen, die aufgefordert wurden, das Problem mit einer rein rationalen Analyse anzugehen. Auch das solltest Du vielleicht mal versuchen!

Wichtig für unsere protopische Erkenntnissammlung: Nicht die Unterscheidung zwischen Vernunft und Gefühl ist entscheidend, sondern die zwischen zwei verschiedenen Arten der Erkenntnis: Intuition und Denken.

„Wir denken mit unserem Körper, nicht nur mit unserem Gehirn." (Daniel Kahneman)

Fazit Teil 3: Moral und Gerechtigkeit

- Menschen haben von Natur aus ein beachtliches Empfinden für Moral und Gerechtigkeit mit in die Wiege gelegt bekommen.
- Kleinkinder teilen nach gemeinsamer Arbeit gerecht.
- Der Mensch hat von Natur aus eine Ungleichheits-Aversion. Eine zu starke Schere zwischen Arm und Reich löst sogar Schmerzen aus. Eine Reduzierung der Ungleichheit wird vom Social Brain belohnt.
- Beim Ultimatum-Spiel machen Menschen meistens sehr faire Angebote. Unfaire Angebote werden oft abgelehnt, auch wenn man dafür Geld verliert.
- Je mehr Geld sich in einem verlorenen Portemonnaie befindet, desto höher ist die Chance, dass der Finder es ehrlich zurückgibt. Und erstaunlich viele tun das!
- Moralische Fragestellungen entscheiden Menschen von Natur aus mit ihrer Intuition. Der Vernunft kommt die Rolle zu, für die Entscheidung anschließend die besten Argumente zu finden.

Teil 4: Egoismus

Ist der Mensch von Natur aus eher ein egoistisches Wesen?

„Der Geniestreich des Kapitalismus (…) besteht darin, dass er von den Individuen, um einigermaßen zu funktionieren, nichts anderes verlangt, als genau das zu sein, was sie sind: Seien Sie egoistisch, kümmern Sie sich um Ihre Interessen, wenn möglich intelligent, und alles wird nicht in der besten aller möglichen Welten, die nur ein Traum ist, zum Besten sein, sondern in der effizientesten aller realen Wirtschaftswelten, dem Markt, einigermaßen richtig." (André Comte-Sponville)

Wie groß ist die Gefahr von egoistischen Trittbrettfahrern für die Gemeinschaft?

Nur eine Minderheit steigt auf das Trittbrett. Die Gefahr ist viel geringer, als man denkt.

Die Überzeugung, der Mensch sei von Natur aus egoistisch, durchzieht die Geistesgeschichte. Daher erscheint vielen der Kapitalismus als das natürlichste Wirtschaftssystem, da es dem menschlichen Egoismus entspricht. Aber wie egoistisch ist der Mensch wirklich? Vielleicht ist kein anderes Thema heute so zentral für unser Zusammenleben.

In seinem viel beachteten Artikel „Die Tragik der Allmende" erklärte Garrett Hardin Ende der 1960er-Jahre die Idee der Allmende für gescheitert. Am Beispiel einer Weidefläche legte er dar: Wenn alle Bauern ihr Vieh dort weiden lassen können, wird die Fläche über kurz oder lang abgegrast sein. Denn jeder ist ein Egoist und wird deshalb das Maximum für seine eigenen Tiere herausholen, ohne sich die Bohne um den Erhalt des Gemeinguts zu scheren.

In den 1970er-Jahren gewann dann die Überzeugung, der Mensch sei ein geborener Trittbrettfahrer, immer mehr an Bedeutung. Nicht nur die Allmende erschien zum Scheitern verurteilt, sondern auch öffentliche Güter, die im Gegensatz zur Allmende von vielen Menschen gleichzeitig genutzt werden können, ohne dass sie miteinander um die Nutzung konkurrieren (zum Beispiel Schulen oder öffentlicher Nahverkehr). Heute gelten die egoistische Natur des Menschen und die Verlockung des Trittbrettfahrens weitgehend als offensichtlich und die zunehmende Privatisierung als logisch, alternativlos und gerecht, denn nicht zuletzt verhindert sie das Trittbrettfahren.

Das „Öffentliche-Güter-Spiel"

Mit dem „Öffentliche-Güter-Spiel" kann man im Experiment überprüfen, ob der Mensch tatsächlich aufs Trittbrett steigt. Eine typische Variante: Zehn Spieler erhalten jeweils 20 Euro und sollen sich entscheiden, welchen Betrag sie jeweils in den gemeinsamen Topf einzahlen wollen. Ohne zu wissen, wie sich die Mitspieler verhalten. Sobald alle anonym eine Summe beigesteuert haben, verdoppelt der Spielleiter den eingezahlten Betrag und verteilt die Gesamtsumme dann in gleichen Teilen an alle. Am erfolgreichsten ist die Gruppe also, wenn jeder sein gesamtes Geld in den gemeinsamen Topf gibt. Denn kooperieren alle, können alle ihr Geld verdoppeln. Vertraut aber nur ein einziger Spieler sein Geld der Gemeinschaft an, wird dieser Altruist fast alles verlieren und die Egoisten können jubeln.

Egoistische Minderheit übernimmt das Steuer

Die klassische Wirtschaftswissenschaft würde erwarten, dass niemand auch nur einen Euro der Gemeinschaft anvertraut. Warum sollte jemand das Risiko eingehen, wenn er ohne Risiko eigentlich nur gewinnen kann? Wie aber verhalten sich erwachsene Teilnehmer dieses Experiments, die ihr Leben in einer Gesellschaft verbracht haben, die predigt, jeder sei sich selbst der Nächste? Die klare Mehrheit (60 bis 70 Prozent) vertraut ihren Mitmenschen zu Beginn des Spiels und setzt rund die Hälfte ihres Geldes ein. Lediglich 30 Prozent sind Egoisten und zeigen die kalte Schulter. Universal vorherrschender Egoismus sieht anders aus.

In den ersten Runden muss die Mehrheit dann aber feststellen, dass sie von einer Minderheit ausgenutzt wird. Daher die naheliegende Reaktion: Aus Angst, als Ehrlicher der Dumme zu sein, schwindet Runde um Runde das gegenseitige Vertrauen. In der zehnten Runde wird so gut wie nichts mehr dem öffentlichen Gut anvertraut.

„Das Problem ist also nicht, dass Menschen nicht zur Zusammenarbeit bereit wären und Altruismus keinen Platz in der Wirtschaft hat, sondern dass die Profitjäger die Mehrheit daran hindern, ihren Altruismus zu leben. Anders gesagt, die Egoisten bringen das System zum Entgleisen." (Matthieu Ricard)

Erfolgreiche Altruismus-Hacks

Zwei simple Tricks können aber das Vertrauen der Mehrheit wiederherstellen. Zum einen die „altruistische Strafe": Jeder erhält die Möglichkeit, anonym einen Euro einzuzahlen, um einen Trittbrettfahrer eine Strafe aufzubrummen, die vom Spielleiter auf drei Euro erhöht wird. Die klassischen Wirtschaftswissenschaftler würden einmal mehr davon ausgehen, dass ein Nutzenmaximierer sein Geld nicht damit verschwendet, andere zu bestrafen. Aber: Fast die Hälfte opfert ihr eigenes Geld, um egoistisches Verhalten zu unterbinden. Ergebnis? Nach wenigen Runden geben alle Menschen beinahe 100 Prozent in den Gemeinschaftstopf. Die zweite Möglichkeit: Kooperation belohnen. Diese Variante erweist sich sogar als noch erfolgreicher!

Weit und breit keine Tragödie

Es gibt zahlreiche Beispiele für funktionierende Allmenden in der Menschheitsgeschichte. Besonders beeindruckend: das spanische Bewässerungssystem der „Huertas" (deutsch: Gärten). Es funktioniert in wasserarmen Regionen Spaniens seit weit über 500 Jahren. Die Nutzer treffen sich regelmäßig, sprechen die Regeln gemeinsam ab und benennen Wächter. Es gibt praktisch keine Trittbrettfahrer. Beispielsweise gibt es in der Region von Valencia nur 0,008 Prozent illegale Wasserabzapfung.

„Möglicherweise gab es in Wahrheit gar nicht die ‚Tragik der Allmende', sondern vielmehr ihren Triumph: Über Jahrhunderte, vielleicht Jahrtausende (...) wurde das Land erfolgreich von den Gemeinschaften verwaltet." (Susan Buck Cox)

Übrigens: Jahrhundertelang meinten viele wichtige Denker – Sokrates, Adam Smith, David Hume, John Stewart Mill und Karl Marx – es sei gerade im Eigeninteresse des Menschen, das Gemeinwohl zu erhalten, während ein mögliches Trittbrettfahren schlicht absurd sei, weil man in der Konsequenz ja sogar seinem Eigeninteresse schadet, indem das Gemeinwohl zerstört wird.

Mit der neoliberalen Wende ist aber die Sorge vor Trittbrettfahrern gerade in der Sozialpolitik eine zentrale Überzeugung. Statt einem Solidargedanken steht nun mehr und mehr die Eigenverantwortung im Mittelpunkt. Und nicht zuletzt: Die Sorge vor Trittbrettfahrern beeinflusst täglich unser Denken und Leben. Achte mal darauf, wie oft das Argument der drohenden Gefahr des Trittbrettfahrers ins Feld geführt wird!

„Nehmen wir eine Idee, die als ‚Free-Riding' (Trittbrettfahren) bekannt ist. (...) Obwohl der Einfluss dieser Theorie auf die gesellschaftliche Entwicklung bis heute nicht allgemein anerkannt ist, haben die ihr zugrunde liegenden Ideen unser alltägliches Denken durchdrungen und das verbreitete Gefühl, jeder müsse ‚einen Beitrag leisten', verdrängt. Wir alle sind korrumpiert worden, bis hinunter auf die Ebene kleiner, alltäglicher Entscheidungen." (Jonathan Aldred)

Protopische Erkenntnis

Die meisten Menschen sind kooperativ, und nur wenige Menschen sind wirklich Trittbrettfahrer. Die Überzeugung von der Normalität des Trittbrettfahrens zerstört jedoch von vornherein jede kooperative Idee.

Der „Homo oeconomicus" ist ein wirtschaftswissenschaftliches Modell, das – vereinfacht gesagt – annimmt:
1. Modell „Max Profitto": Der Mensch versucht stets, seinen Eigennutz zu maximieren.
2. Modell „Kalkulus Kühlkopf" Der Mensch ist ein streng rationales Wesen.
3. Modell „Igor Immergleich" Der Mensch ändert seine Vorlieben nie.
Der Homo oeconomicus ist der Schlüssel zum Verständnis der Menschheitsfamilie. Eine brillantes Modell, die jedes menschliche Verhalten exakt vorhersagt. Rational? Immer. Vorausschauend? Absolut. Emotionen? Überflüssig! Wer braucht schon Psychologie, wenn man perfekte ökonomische Prophetie hat!

Wie viele Menschen entsprechen dem Homo oeconomicus?

Nur sieben Prozent der Menschen entsprechen dem Modell des Homo oeconomicus.

Die Studie, die systematisch untersucht hat, ob es Menschen gibt, die der Verhaltensdefinition des Homo oeconomicus entsprechen, kommt zu einem überraschenden Ergebnis: Nur sieben Prozent sind in Wirklichkeit ein Homo oeconomicus. Weitere neun Prozent weisen Ähnlichkeiten auf. Übrigens zeigen Menschen dieser beiden Gruppen auch eher Züge von Psychopathen als der Durchschnitt.

„Wenn sie ausschließlich an Vorteilen für sich selbst interessiert sind, nähern sich rational Handelnde dem Zustand eines Psychopathen." (John Rawls)

Und welcher Anteil der Menschen hat kaum oder gar keine Ähnlichkeit mit dem Homo oeconomicus? Sage und schreibe 84 Prozent!

Gerade hart gesottenen klassischen Wirtschaftswissenschaftlern sollte dies zu denken geben: 84 Prozent der Menschen haben so gut wie keine Ähnlichkeiten mit dem Homo oeconomicus!

Eine andere Studie untersuchte 15 kulturell unterschiedliche Gemeinschaften. Das Ergebnis: Das Modell des Homo oeconomicus „versagt in allen untersuchten Gesellschaften". (Falls Dich der Transhumanismus und seine Nähe zum Homo oeconomicus interessieren sollten, bist Du zum Ausflug eingeladen!)

Das Modell des Homo oeconomicus ist offenbar meilenweit von der Wirklichkeit des Menschen entfernt. Die Konsequenzen für die Arbeit der Wirtschaftswissenschaften sollten eigentlich auf der Hand liegen.

„Wir erfahren, dass in vielen Fällen den von Ökonomen getroffenen Vorhersagen über die reale Welt ökonomische Theorien zugrunde liegen, die vom Homo oeconomicus bevölkert sind. Aber wie kann irgendjemand ernsthaft glauben, dass der Homo oeconomicus uns irgendetwas über das Verhalten echter Menschen sagen kann?" (Jonathan Aldred)

Protopische Erkenntnis

Der Homo oeconomicus, das zentrale Modell der klassischen Wirtschaftswissenschaften, hat mit der überwältigenden Mehrheit der Menschen nicht viel zu tun. Dennoch ist es weiterhin ein sehr beliebtes Modell zur wirtschaftlichen Vorhersage und politischer Beratung. Mit entsprechenden Konsequenzen.

Exkurs 4: Homo oeconomicus

Aber woher kommt er, der Homo oeconomicus?
„Er ist jener Protagonist in jedem konventionellen volkswirtschaftlichen Lehrbuch; er bestimmt politische Entscheidungen überall auf der Welt; er prägt die Art und Weise, wie wir sprechen; und er sagt uns ohne Worte, wie wir uns zu verhalten haben. Und deswegen ist er so wichtig." (Kate Raworth)

Eine Spurensuche

Mitte des 19. Jahrhunderts galt die Ökonomie nicht als eine exakte, sondern als eine soziale Wissenschaft. Der Philosoph und Ökonom John Stuart Mill unternahm den ersten Schritt, dies zu ändern und erklärte, die politische Ökonomie „behandelt nicht die Gesamtheit der menschlichen Natur". Mill zählte den Wunsch nach Reichtum, Faulheit und Liebe zum Luxus zu den Eigenschaften des Menschen. Aber er war sich bewusst, dass es „eine willkürliche Definition des Menschen" war, die auf „angenommenen Prämissen (beruht), die möglicherweise keinerlei Grundlage in der Wirklichkeit haben". Deshalb betonte er, seien die Ergebnisse der politischen Ökonomie „nur in der Abstraktion wahr".

Der Ökonom und Philosoph William Stanley Jevons bemühte sich dann Ende des 19. Jahrhunderts, menschliches Verhalten mathematisch fassbar und dadurch berechenbar zu machen. Hierbei stützte er sich auf den Philosophen Jeremy Bentham, der menschliche Befriedigungen und Leiden klassifiziert hatte, um so eine mathematische Basis für die Ethik zu schaffen. Jevons verwandte dieses Konzept, um den berechenbaren Menschen zu kreieren, der ständig bemüht ist, seine Befriedigung zu maximieren.

Der Ökonom Francis Edgeworth brachte die Annahme schließlich auf den Punkt: „Der erste Grundsatz der Wirtschaftswissenschaften besagt, dass jeder Akteur nur von seinem eigenen Interesse geleitet wird."

Aber auch ihm war bewusst, dass diese Grundannahme nicht besonders realistisch war. Es gab aber ein weiteres Problem, das der Wirtschaftswissenschaftler Frank Knight in den 1920er-Jahren zu lösen versuchte. Er stattete das Modell des Menschen mit zwei übermenschlichen Eigenschaften aus: vollkommenes Wissen und vollkommener Weitblick. Dadurch wollte er sicherstellen, dass sich das Modell niemals aufgrund seines Unwissens irrational verhielt, sondern stets berechen- und vorhersagbar blieb.
Damit entfernte sich das Modell aber noch mehr von der Wirklichkeit des Menschen. Knight war das bewusst. Sein Modell „behandelt andere Menschen, als seien sie Spielautomaten“.

Der Wirtschaftsnobelpreisträger Milton Friedman hatte in den 1960er-Jahren damit keine Probleme. Sein zentrales Argument: Menschen würden sich in Wirklichkeit so verhalten „als ob“ sie dem Modell entsprächen. Einzig das war entscheidend. Nicht, ob das Modell tatsächlich stimmig ist.

Man kann das auch etwas anders sehen:
„Der rein ökonomische Mensch ist (...) nahe daran, ein sozialer Idiot zu sein.“ (Amartya Sen)

Übrigens, wenn Du wissen willst, mit welchen zwei Themen man klassischen Wirtschaftswissenschaftlern, die das Modell des Homo oeconomicus hochhalten, in massive Erklärungsnot bringen kann, dann steig am Ende des Kapitels zu einem Ausflug ein!

Unter der Lupe

Der „ökonomische Ansatz“, den dann der Wirtschaftsnobelpreisträger Gary Becker ausgearbeitet hat, wendet dieses Modell ganz selbstverständlich auf zahlreiche Bereiche des menschlichen Lebens an, die eigentlich nicht zur Wirtschaftswissenschaft gehören: Drogenabhängigkeit, Kriminalität bis hin zu Ehescheidungen.

Aber schauen wir uns nun die drei Aspekte an, die den Homo oeconomicus ausmachen:

1. Eigennutz

Dass das menschliche Verhalten einzig durch Maximierung des Eigennutzes zu erklären ist, sollte bereits an dieser Stelle unserer Reise ausreichend in Zweifel gezogen worden sein. Viele klassische Wirtschaftswissenschaftler bestehen darauf, dass Eigennutz nicht zwangsläufig gleichbedeutend mit Egoismus sei, sondern jede Art von Wohlbefinden maximiert werden könne. Das klingt erst einmal überzeugend, ist aber im Grunde ausgesprochen banal: Gebe ich dem Bettler einen Euro, dann habe ich meinen Eigennutz gesteigert, weil ich mich gut fühle. Gebe ich dem Bettler kein Geld, habe ich meinen Eigennutz gesteigert, weil ich mehr Geld habe. Im Rückspiegel kann man so problemlos jedes Verhalten erklären.

„Es ist möglich, das Interesse eines Menschen so zu definieren, dass er, egal was er tut, mit jeder einzelnen Handlung seine eigenen Interessen verfolgt.“ (Amartya Sen)

2. Rationaler Mensch

Im letzten Exkurs haben wir bereits gesehen, dass der Mensch deutlich weniger rational ist, als er es so gerne wäre.

„Ganze Scharen von empirischen Psychologen (...) haben gezeigt, dass das Modell des rationalen Verhaltens bei Unsicherheit als Beschreibung der Realität nicht nur ganz unzutreffend ist, sondern eindeutig falsch.“ (Nassim Nicholas Taleb)

3. Gleichbleibende Vorlieben

Hier sollte Lebenserfahrung und gesunder Menschenverstand ausreichen, um in Zweifel zu ziehen, dass Menschen ihr Leben lang gleichbleibende Vorlieben haben (außer vielleicht bei ihren Fußballvereinen). Man denke nur an die rasch wechselnden Moden, die politischen Einstellungen, die sich mit dem Alter verändern. Es gibt viele Experimente, die beweisen, dass unsere Vorlieben keineswegs unveränderlich sind.

„Die Annahme, dass die Präferenzen der Menschen ‚festgelegt' oder ‚stabil' sind, die für das neoklassische Paradigma von zentraler Bedeutung ist, weil sie es erlaubt, Veränderungen in den Absichten und in den Werten, die die Präferenzen beeinflussen, nicht zu beachten, ignoriert einfach die elementarsten Beobachtungen der täglichen Erfahrung." (Amitai Etzioni)

Wir sehen, die Einzelbausteine der Definition können nicht wirklich überzeugen. Sie haben aber einen nicht zu schlagenden Vorteil. Mithilfe des Modells des Homo oeconomicus kann die Wirtschaftswissenschaft den Anspruch erheben, eine exakte Wissenschaft zu sein. Denn vermeintlich kann sie – im Gegensatz zu Psychologie und Soziologie – das menschliche Verhalten berechnen und damit wichtige Vorhersagen treffen.

„Sie können nicht vorhersagen, wie die Leute sich verhalten werden. Es sei denn, es gäbe einen Trick – und dieser Trick ist das Seil, an dem die neoklassische Ökonomie hängt: Man geht einfach davon aus, dass die Individuen in Zukunft rational sein und daher vorhersagbar handeln werden." (Nassim Nicholas Taleb)

Modell und Erwartungshaltung

Gerne wird der Kritik am Homo oeconomicus damit begegnet, dass es nur ein abstraktes Modell sei und „keinen aus einem Mutterleib geborenen Menschen darstellen soll“. Das ist leider eine etwas kurzsichtige Einschätzung.

Das Modell beschreibt nicht nur Handeln, sondern erzeugt auch eine Erwartungshaltung an das menschliche Verhalten, nämlich dass sich Menschen eben wie ein Homo oeconomicus verhalten.

Die Konsequenzen dieser Erwartung sind nicht rein theoretischer Natur, sondern durchaus real. Nicht zuletzt, wenn das Modell als Grundlage für die Beratung der Politik dient und diese entsprechend beeinflusst.

Das unterkomplexe Modell hat Auswirkungen, die in alle Bereiche des Lebens hineingreifen. Bis hin in die Ausgestaltung unserer Institutionen und unserer Gesellschaft.

„Der rationale Wirtschaftsmensch als Spiegelbild der menschlichen Natur ist eine Fiktion. Sie ist eine moderne Erfindung, ein neuer Weg. Aber es ist eine mächtige Fiktion, und sie wird immer weniger eine Fiktion, je mehr unsere Institutionen von ihren Annahmen durchdrungen werden und je mehr andere Wege verschlossen werden. Aufgrund ihres sich selbst erfüllenden Charakters können wir nicht erwarten, dass diese Fiktion eines natürlichen Todes stirbt.“ (Barry Schwartz)

Die Vorstellung, grundlose Aggression sei angeboren, ist eng verbunden mit der Ansicht, der Mensch sei von Natur aus egoistisch. Thomas Hobbes war überzeugt, sobald der Schutz des Staates wegfällt, lassen wir unsere Aggression von der Leine und schlachten uns im Kampf „jeder gegen jeden" gegenseitig ab.

Gehört grundlose Aggression zur Natur des Menschen?

Aggression ist vor allem ein Schutzmechanismus.

Die Überzeugung, grundlose Aggression sei angeboren, ist weitverbreitet, und man kann ihre Bedeutung für unser Denken kaum überschätzen. Der Verhaltensforscher Konrad Lorenz, Autor des Klassikers „Das sogenannte Böse" sprach explizit vom Aggressionstrieb. Sigmund Freud, der Begründer der Psychoanalyse, war sich sicher: „Die Aggressionsneigung (ist) eine ursprüngliche, selbstständige Triebanlage des Menschen." (Beide verstehen unter Aggressionstrieb eine Aggression ohne Grund.) Und belegt nicht das weltbekannte und schockierende Milgram-Experiment, dass der Mensch eine tief verankerte Lust am Leiden anderer Menschen hat? (Wenn Du dieses Experiment nicht kennst oder mehr dazu wissen willst, mach am Ende des Kapitels einen kleinen Ausflug!)

Keine Belohnung

Werfen wir erst einmal einen Blick in unser magisches Gehirn: Belohnt das Social Brain, wenn man grundlos, ohne Anlass, seiner Aggression freien Lauf lässt und einen Unschuldigen aus Spaß an der Freud verprügelt? Das Belohnungszentrum schüttet kein Dopamin aus. Null. Nada! Das Gehirn motiviert also keine Aggression, die einfach nur stattfindet, um das Verlangen nach Gewalt auszuleben. Mit anderen Worten: Aggression bedarf eines Auslösers und ist eben nicht, wie Lorenz und Freud glaubten, ein angeborener Trieb, der bei jeder Gelegenheit auch ohne konkreten Grund sofort danach drängt, sich auszuleben. (Übrigens definiert heute eine Reihe von Wissenschaftlern den „Aggressionstrieb" als eine angeborene Neigung, die einen Auslöser benötigt.)

„Sie können Aggression nicht verstehen, ohne Furcht zu verstehen." (Robert Sapolsky)

Aggression und Angst

Ein weiterer bemerkenswerter Aspekt des menschlichen Gehirns: Aggression entspringt derselben Hirnregion wie Angst. Das eine Phänomen ist ohne das andere nicht zu verstehen. Das heißt, es bedarf erst eines Auslösers von außen, der es für den betroffenen Menschen notwendig erscheinen lässt, entweder mit Angst oder Aggression zu reagieren. Aggression ist also eine Reaktion auf eine Situation, die Angst macht. Fight or flight (deutsch: Kampf oder Flucht), wie in der Wissenschaft die Antwortmöglichkeit des Menschen auf eine extreme Stresssituation bezeichnet wird.

Übrigens: Darwin selbst hat Aggression nicht als Instinkt oder Trieb eingestuft, sondern vielmehr das Bedürfnis des Menschen nach Bindung und Zugehörigkeit.

Der Mensch ist von seiner Natur aus auf Bindung und den Wunsch nach Gemeinschaft ausgerichtet. Daher kann es kaum überraschen, dass Ausgrenzung und Zurückweisung aus einer Gruppe nicht nur als konkreter Schmerz empfunden werden, sondern sie auch die stärksten Aggressionsauslöser bilden. Deshalb ist es zum Beispiel leicht nachvollziehbar, dass einsame Menschen eher zur Aggressivität neigen. Ebenso Menschen, die von Vernachlässigung oder Gewalt betroffen sind.

„Der Aggressionsapparat erweist sich (…) als ein Hilfssystem des Motivationssystems: Bindung, Akzeptanz und Zugehörigkeit sind überlebenswichtig. Sind sie bedroht, reagieren die Alarmsysteme des menschlichen Gehirns. Als unmittelbare Folgen zeigen sich Angst und Aggression." (Joachim Bauer)

Ursachenforschung

Aggression ist insbesondere ein Schutzmechanismus. Wie aber lässt sich erklären, dass nicht alle Menschen mit Aggression reagieren?

Ein Experiment mit Menschenaffen gibt eine erste Antwort. Affenbabys, die von einer fürsorglichen Mutter großgezogen wurden, sind später selbst sehr viel fürsorglicher als jene, die von aggressiven Affenmüttern großgezogen wurden. Das ist vollkommen unabhängig davon, ob sie von ihrer eigenen Mutter aufgezogen oder im Rahmen des Experiments einer fremden Mutter anvertraut wurden.

Dieses Experiment gibt uns damit einen Hinweis, dass selbst erlebte Gewalt auf die Entwicklung des eigenen aggressiven Verhaltens einen entscheidenden Einfluss hat. Fürsorgliche Erziehung führt mit hoher Wahrscheinlichkeit später zu einem fürsorglichen Verhalten gegenüber den eigenen Kindern. Ebenso verhält es sich aber leider auch mit Aggressionen. Hier sehen wir einmal mehr einen Teufelskreis und einen Beweis für die Bedeutung des sozialen Umfeldes für den Menschen. (Zu den Folgen der harten Hand in der Erziehung findest Du später noch eine Einladung zum Ausflug → S. 186 ff.)

Weitere Umstände, die zu mehr Gewalt führen: Ist ein Kind Zeuge von Waffengewalt, verdoppelt sich die Wahrscheinlichkeit, dass es selbst in den folgenden zwei Jahren schwerwiegende Gewaltakte begeht. Gewalttätige Straftäter sind in ihrer Kindheit auch häufiger Zeugen von Gewalttaten als gewaltlose Kriminelle.

Wäre es deshalb nicht eine gute Idee, wenn der Staat sich mehr auf die Vermeidung von Gewalt konzentriert, indem massiv in Hilfe und Unterstützung für Eltern mit Kleinkindern besonders in sozial prekären Situationen investiert und gerade in ärmeren Stadtteilen den Menschen geholfen wird? Sollten wir nicht den Nährboden für Aggression und Kriminalität bekämpfen: Ausgrenzung und selbst erlebte Gewalt?

Protopische Erkenntnis

Aggression ist insbesondere ein angeborener Schutzmechanismus. Besonders geschützt werden unsere Bindungen und unsere soziale Zugehörigkeit.

„Gewalt entsteht aus dem Glauben, dass andere Menschen unsere Schmerzen verursachen und dafür Strafe verdienen."
(Marshall B. Rosenberg)

Wie viele Soldaten zielen auf den Feind, um ihn zu töten?

Im Zweiten Weltkrieg waren es vermutlich 10 bis 25 Prozent.

„Der Mensch muss lernen, nicht einfach zu töten, weil er jemanden nicht gern hat. So fängt Moral an", war sich Sigmund Freud sicher. Offensichtlich ist der Mensch – nicht nur Freuds Ansicht nach – zum Töten geschaffen und der Krieg ein wunderbares Spielfeld zum Ausleben der Mordslust. So ist auch der Philosoph Simon Critchley überzeugt: „Der Mensch macht nicht nur Killer-Apps. Wir sind Killer-Affen. Wir sind böse, aggressive, gewalttätige, habgierige Hominiden."

Wie aber verhalten sich Soldaten in Wirklichkeit?

Die Untersuchung eines Militärhistorikers über Soldaten im Zweiten Weltkrieg bringt ein überraschendes Ergebnis ans Licht: Nur 10 bis 15 Prozent (bei Elitesoldaten 25 Prozent) schießen tatsächlich auf den Feind, um ihn zu töten. Drei Viertel schießen, aber ohne wirklich zu zielen. Sogar wenn sie sich selbst in Lebensgefahr befinden.

„Ein gesunder und normaler Mensch hat ein allgemein nicht erwartetes Widerstreben dagegen, einen anderen Menschen zu töten." (S. L. A. Marshall)

Seit den 1980er-Jahren herrschen zwar methodische Zweifel an der wissenschaftlichen Genauigkeit dieser Studie (man kann sich vorstellen, dass eine solche Untersuchung kaum wirklich objektiv sein kann, weil der Wissenschaftler nicht während des Krieges neben jedem Soldaten sein kann), und es gibt auch einige wenige Analysen, die zu anderen Ergebnissen gelangen. Dennoch teilen viele weitere Studien inzwischen die Ansicht, dass der Mensch eine Tötungshemmung hat.

„Im entscheidenden Augenblick wurde jedem Soldaten klar, dass er den Mann, der vor ihm stand, nicht töten konnte." (Dave Grossman)

Nach dem Zweiten Weltkrieg begannen Historiker, Veteranen zu interviewen. Mehr als die Hälfte von ihnen hatte noch nie einen Menschen getötet. Die meisten Opfer waren von einer Minderheit getötet worden. Zum Beispiel waren weniger als ein Prozent der amerikanischen Jagdflieger für fast 40 Prozent der abgeschossenen Flugzeuge verantwortlich.

Die meisten Piloten aber haben nie jemanden abgeschossen oder es auch nur versucht. Ein Soziologe untersuchte Hunderte Fotos von Soldaten in gefährlichen Situationen. Sein Ergebnis: Nur 13 bis 18 Prozent schießen, um zu töten. Auch Untersuchungen von Kriegen vor dem Zweiten Weltkrieg kommen zu vergleichbaren Ergebnissen.

„Es mag überraschen, dass eine Kompanie eine Salve nach der anderen in einer Entfernung von höchstens 15 Fuß zündet, und es dabei kein einziges Opfer gibt. Doch genau das ist geschehen." (Benjamin McIntyre über den amerikanischen Bürgerkrieg)

Abstand halten

Wie aber werden dann Millionen und Abermillionen Menschen immer und immer wieder im Krieg umgebracht, wenn der Mensch von Natur aus eine Tötungshemmung haben soll? Betrachtet man die Todesursachen britischer Soldaten während des Zweiten Weltkriegs, wird einiges klarer: Drei Viertel starben durch Mörsergranaten, Luftbomben und Splitter. Der mit Abstand größte Teil der Opfer wird demnach in Kriegen aus der Entfernung getötet.

Ein anderer Blick auf das Töten im Krieg offenbart weitere wichtige Einblicke in die Natur des Menschen. Etwa zwei Prozent der US-amerikanischen Soldaten, die im Zweiten Weltkrieg ununterbrochen über längere Zeiträume kämpften, verspürten nicht einen Hauch von Schuldgefühlen. Sie zeigten das Profil von aggressiven Psychopathen. Die nicht psychopathischen Soldaten hingegen litten nach 60 Tagen an gravierenden psychiatrischen Störungen wie der posttraumatischen Belastungsstörung (PTBS). Der Mensch scheint von Natur aus nicht für das Leben und Töten im Krieg geschaffen zu sein.

Für die PTBS ist übrigens weniger der direkte Kriegseinsatz verantwortlich, als vielmehr die traumatisierende Tötung von Menschen. Drohnenpiloten leiden auch an PTBS, obwohl sie vom Kampfgeschehen Tausende von Kilometern entfernt sicher im warmen Büro mit Popcorn am Joystick sitzen. Marinesoldaten im Zweiten Weltkrieg litten hingegen so gut wie nie an PTBS: Sie konnten zwar in Lebensgefahr schweben, waren jedoch kaum direkt an Tötungen beteiligt, bei denen sie ihr Opfer sehen konnten.

Nicht zuletzt: US-Soldaten, die in Afghanistan oder im Irak im Krieg waren, starben häufiger an Selbstmord nach ihrer Rückkehr als im Einsatz selbst. Mit den Kriegserfahrungen leben zu müssen, war offenbar unerträglicher als der Krieg selbst.

„In diesem Krieg schoss immer jeder an jedem vorbei, wenn es irgendwie menschenmöglich war." (George Orwell über den Spanischen Bürgerkrieg)

Das Militär hat die Tötungshemmung der Soldaten erkannt und diese zunehmend erfolgreich durch Konditionierung in der Militärausbildung überwunden. So stieg während des Koreakrieges der Anteil der Soldaten, die auf den Feind schossen, auf mehr als 50 Prozent. Im Vietnamkrieg sogar auf rekordverdächtige 90 bis 95 Prozent. Ob das gute Nachrichten sind, ist eine andere Frage.

Eine bewährte Trainingsmethode ist es, eine Reihe von immer schrecklicheren Filmen zu zeigen, während der Rekrut angeschnallt ist und ein spezielles Gerät seine Augen offen hält. Es braucht offenbar Gewalt, um die Natur des Menschen so zu verbiegen, dass er tatsächlich die Tötungsmaschine wird, für die viele den Menschen zu Unrecht halten. Das lässt sich auch über die Bevölkerung sagen, die oft mithilfe von Propaganda dazu angestachelt werden muss, Genozide zu begehen. Lust auf einen Ausflug zu diesem Thema?

Protopische Erkenntnis

Der Mensch hat von Natur aus eine Tötungshemmung und ist normalerweise nicht glücklich, im Krieg ungestraft schießen zu dürfen. Vielmehr müssen Soldaten in ihrer Ausbildung darauf abgerichtet werden, möglichst ungehemmt zu töten.

Gibt es Völker, die keine Kriege führen?

Vermutlich gibt es rund 70 Naturvölker, die keine Kriege kennen.

„Die Geschichte der menschlichen Rasse ist der Krieg", war sich der ehemalige britische Premierminister Winston Churchill sicher. Die Überzeugung, Krieg sei natürlich und der Mensch ein kriegerisches Wesen, durchzieht die Geschichte des westlichen Denkens. Nach dem Philosophen Heraklit ist der Krieg sogar der Vater aller Dinge. Und sicherlich teilen auch die meisten seiner Leserinnen und Leser diese Ansicht.

Ein Blick hinter die Kulissen

Werfen wir einen vielsagenden Blick auf einen wichtigen Moment der Geschichte: Die ersten Begegnungen zwischen den Entdeckern der „neuen Welt" und den Menschen, die „entdeckt" wurden, gestalteten sich oft erstaunlich friedlich. Als zum Beispiel Christopher Kolumbus die Insel der Arawak entdeckte, konnte er sich über einen ausgesprochen freundlichen Empfang freuen. Aber er hatte auch einen vielsagenden Hintergedanken:

„Sie tragen keine Waffen und kennen sie nicht, denn ich habe ihnen ein Schwert gezeigt (...) und (sie) haben sich aus Unwissenheit geschnitten. Sie wären gute Diener. (...) Mit fünfzig Mann könnten wir sie alle unterjochen und sie dazu bringen, zu tun, was wir wollen."

Kannte dieses Volk keinen Krieg? Was sagt die Wissenschaft? Tatsächlich gibt es kaum Belege für die These, Krieg sei ein Teil der Natur des Menschen. Eine ganze Reihe von Studien ist dieser Frage nachgegangen. Dabei werden jedoch öfters einzelne Rachemorde als Krieg definiert, obwohl Krieg eigentlich zwischen zwei Gruppen stattfindet. Dennoch kommen sogar solche Studien zum Ergebnis, dass Krieg bei 28 Prozent der untersuchten Völker „unbekannt oder selten" ist oder acht Prozent der Völker niemals Krieg führen.

Die wohl aufwendigste Untersuchung hat der Anthropologe Douglas Fry durchgeführt, der mehr als 70 Völker auflisten kann, die keinen Krieg führen. Es gibt Völker, die keine Waffen kennen (zum Beispiel die Sirino oder die Tadaday) oder die kein Wort für Krieg haben (etwa die Mardu). Bei den Völkern handelt es sich um Jäger-und-Sammlergesellschaften. Übrigens: Bei Jäger-und-Sammlergesellschaften scheint Krieg generell die Ausnahme zu sein:

„Zwar waren Menschen schon immer in der Lage, einander körperlich anzugreifen und zu verletzen (und es ist schwierig, ein Beispiel für eine Gesellschaft zu finden, in der unter keinen Umständen jemand angegriffen wird), aber es gibt keinen realen Grund zu der Annahme, Krieg habe schon immer existiert." (David Graeber und David Wengrow)

Archäologische Spuren

Auch in der Menschheitsgeschichte ist Krieg – entgegen einer extrem weitverbreiteten Überzeugung – keine grundsätzliche Begleiterscheinung. Die ältesten Hinweise für einen vermeintlichen Krieg sind nicht älter als 12.000 bis 14.000 Jahre. Beweise, dass Krieg regelmäßiger wurde, sind höchstens 5.000 bis 6.000 Jahre alt. Die Süd-Levante hat vermutlich sogar über 10.000 Jahre lang eine Zeit des Friedens erlebt, die erst vor 5.200 Jahren endete (als Levante wird die Ostküste des Mittelmeers und ihr Hinterland bezeichnet). Catal Huyuk in der Türkei gilt als erste Großsiedlung der Weltgeschichte. Der Ort zeigt keine Spuren von Krieg über eine Zeitspanne von sage und schreibe 1.500 Jahren. Eine ebenso lange Friedensphase erlebte Kreta. Das faszinierende Kreta ist einen Ausflug über den umseitigen QR-Code wert!

„Es ist der Frieden – nicht der Krieg –, der der Normalzustand von Gesellschaften ist."
(Jacques Lecomte)

Und wie steht es um die gängige Erklärung, Krieg sei natürlich, weil es immer zum Kampf um begrenzte Ressourcen kommt? Gerade für eine Jäger-und-Sammler-Lebensweise ergibt das aber eigentlich keinen wirklichen Sinn. Denn bei ihnen sind andere Gruppen viel weniger Konkurrenten um begrenzte Ressourcen, als vielmehr wertvolle Partner für den Tauschhandel. (Im Konfliktfall war es auch naheliegender weiterzuziehen, als den Tod im Krieg zu riskieren.)

Die scheinbare Selbstverständlichkeit, dass es in der Menschheitsgeschichte immer Krieg gab, ist also alles andere als gewiss. Und auch wenn Menschen, die davon überzeugt sind, Krieg sei leider Teil unserer Natur, natürlich dennoch Pazifisten sein können, die alles dafür tun, um Kriege zu vermeiden, birgt diese Überzeugung die Gefahr einer sich selbst erfüllenden Prophezeiung.

„Die Art und Weise, wie wir über den Krieg denken, d. h. wie wir über die menschliche Natur denken, hat Einfluss darauf, wie wir unsere politischen und kulturellen Prioritäten festlegen." (Donald Pfaff)

Protopische Erkenntnis

Krieg liegt nicht zwingend in der Natur des Menschen. Frieden ist in der Menschheitsgeschichte die Norm und Krieg die Ausnahme. Dennoch bestimmt unser Glaube, dass Krieg unserer Natur entspricht, unsere Politik und kann unter Umständen schnell zu einer sich selbst erfüllenden Prophezeiung werden.

Fazit Teil 4: Egoismus

- Der egoistische Trittbrettfahrer, der scheinbar überall lauert und das Gemeinwohl bedroht, ist deutlich seltener, als wir oft vorschnell glauben.
- Der sogenannte Homo oeconomicus ist kaum ein passendes Modell des menschlichen Verhaltens, denn es beschreibt treffend nur eine sehr kleine Minderheit der Menschen.
- Das Modell des Homo oeconomicus ist problematisch, weil es nicht nur Verhalten beschreibt, sondern auch eine Erwartungshaltung erzeugt, dass dieses Verhalten normal sei.
- Aggression ist kein angeborener Trieb, sondern ein Schutzmechanismus, mit dem Menschen auf Situationen reagieren, die sie als sehr bedrohlich empfinden.
- Der Mensch hat von Natur aus eine Tötungshemmung und muss zum Töten konditioniert werden, um diese Hemmung zu überwinden.
- Der Krieg ist nicht zwingend Teil der menschlichen Natur. Vermutlich kennen rund 70 Naturvölker keinen Krieg.

„Wir werden nicht als Egoisten geboren – wir werden dazu gemacht."
(Richard David Precht)

„Im Herzen des Menschen existiert nicht nur die Fähigkeit zum Guten, sondern auch die zum Bösen.“ (Carl Gustav Jung)

„Es würde sehr wenig Böses auf Erden getan werden, wenn das Böse niemals im Namen des Guten getan werden könnte." (Marie von Ebner-Eschenbach)
Ah, das Böse. Immer schön einfach, alles auf den „bösen" Kapitalismus zu schieben, nicht wahr? Wacht auf, die Welt ist kein Märchenland!
„Niemand kann dem Einfluss eines Axioms entkommen, das uns allen von Kindheit an gelehrt wurde: dass der Mensch von Natur aus schlecht sei." (Erich Fromm)
Das sind spannende Gedanken! Wenn Ihr Euch traut, tiefer zu graben: Der QR-Code führt Euch in die Abgründe des Bösen...
„Das Böse triumphiert allein dadurch, dass gute Menschen nichts unternehmen." (Edmund Burke)

„Nun sag', wie hast du's mit der Religion? Du bist ein herzlich guter Mann, Allein ich glaub', du hältst nicht viel davon."
(Johann Wolfgang von Goethe)
Was kommt denn jetzt?! „Gott schuf den Menschen nach seinem Ebenbild." Und darum soll der Mensch gut und edel sein?
Das hab ich so nie geschrieben...
Marx hatte vielleicht einen Punkt. Religion als Opium? Manchmal scheint es, als bräuchten wir alle etwas, um die Realität zu ertragen.
Die spirituelle Natur des Menschen ist ein weites Feld. Keine Erleuchtung, aber viele Denkanstöße findet Ihr hinter dieser QR-Fußnote...
Nietzsche ist tot!

Teil 5: Altruismus

Die zweite Hälfte unserer Reise beginnen wir mit einer ganz grundlegenden Frage: „Ist der Mensch von Natur aus eher altruistisch?"

„Der Mensch findet, übereinstimmend mit dem Schiedsspruch aller Weisen, dass die höchste Befriedigung sich einstellt, wenn man ganz bestimmten Impulsen folgt, nämlich den sozialen Instinkten. Wenn er zum Besten anderer handelt, wird er die Anerkennung seiner Mitmenschen erfahren und die Liebe derer gewinnen, mit denen er zusammenlebt; und dieser Gewinn ist ohne Zweifel die höchste Freude auf dieser Erde." (Charles Darwin)

„Es gibt viele Wege zum Gipfel des Berges, aber die Aussicht ist immer dieselbe." (Chinesisches Sprichwort)

Gibt es wirklichen Altruismus überhaupt?

Es gibt wirklichen Altruismus, der durch die Sorge um den Mitmenschen bestimmt ist.

Die Antwort auf diese Frage hat Konsequenzen, die wir kaum überschätzen können.

„Wenn wir zum Altruismus fähig sind, dann sind praktisch alle unsere derzeitigen Vorstellungen über Individualpsychologie, soziale Beziehungen, Wirtschaft und Politik in einer wichtigen Hinsicht falsch. Praktisch alle unsere derzeitigen Vorstellungen leugnen explizit oder implizit die Möglichkeit des Altruismus; sie beruhen fest auf der Annahme eines universellen Egoismus. Von Aristoteles und Thomas von Aquin über Thomas Hobbes und Jeremy Bentham bis hin zu Friedrich Nietzsche und Sigmund Freud war die vorherrschende Ansicht im westlichen Denken lange Zeit, dass wir im Grunde genommen ausschließlich eigennützig sind. Und wenn wir uns heute fragen, warum wir uns um andere kümmern und ihnen helfen, dann ist die Antwort, die alle wichtigen Motivationstheorien – Freudsche, Verhaltenstheorien und sogar humanistische Theorien – geben, ziemlich eindeutig: Alles, was wir tun, auch alles, was wir zum Nutzen anderer tun, geschieht letztlich zu unserem eigenen Vorteil. Die Annahme eines universellen Egoismus ist in unserer Kultur so grundlegend und weit verbreitet, dass sie schwer zu erkennen ist, wie Wasser für einen Fisch." (Dan Batson)

Vor diesem Hintergrund ist es überhaupt nicht überraschend, wie viele Argumente gegen den Altruismus aufgefahren werden und wie viel Gehirnschmalz dafür verbraucht wird. Extrem vereinfacht zusammengefasst lauten die zentralen Widerlegungsversuche:

- Altruismus ist einzig und allein durch Egoismus motiviert.
- Altruismus reduziert sich rein auf das gegenseitige Geben und Nehmen.
- Altruismus ist nur auf den Rahmen der eigenen Familie oder Gruppe beschränkt.

Du kannst ja mal darauf achten, wie oft Du Argumenten begegnest, die Altruismus komplett leugnen oder ihn zumindest in extrem enge Schranken weisen. (Ausführlichere Gedanken dazu findest Du bei einem Kurztrip über den QR-Code!)

Sogar die Definition von Altruismus wird oft so festgelegt, dass man ihr eigentlich gar nie gerecht werden kann. Beispielsweise: Altruismus sei zwangsläufig ein Opfer des einen Menschen zum Wohl des anderen. Aber entspricht das wirklich Deiner Lebenserfahrung? Wir schließen uns hier lieber der Definition eines wichtigen Altruismusforschers an, die nicht in simplen Kosten-Nutzen-Excel-Tabellen und Nullsummenspielen gefangen ist:

„Altruismus ist ein Motivationszustand, der letztlich darauf abzielt, das Wohlergehen eines anderen zu steigern." (Dan Batson)

Machen wir die Probe aufs Exempel

Während es für einen Egoisten entscheidend ist, dass er selbst die gute Tat ausführt und dementsprechend auch die Lorbeeren dafür ernten kann (Anerkennung oder eine konkrete Gegenleistung), ist es für den Altruisten einzig von Bedeutung, dass dem Leidenden geholfen wird.

Genau diese Unterscheidung nutzen Forscher im folgenden Experiment mit Kleinkindern. Sie können zeigen, dass Zweijährige zufrieden sind, wenn einer Person in einer Notlage geholfen wird. Ihre Zufriedenheit ist dabei völlig unabhängig davon, ob sie selbst geholfen haben oder nur sehen, dass dem Menschen von einem Dritten geholfen wird. In beiden Fällen sind sie zufriedener, als wenn der Person gar nicht geholfen wird.

Für die Knirpse ist also entscheidend, dass „das Wohlergehen eines anderen" gesteigert wird. Nicht das eigene. So widerlegen sie in ihren jungen Jahren flugs zahlreiche jahrhundertealte Überzeugungen.

„Altruistische Handlungen sind in der Tat das, was sie zu sein scheinen: Handlungen, die von Natur aus gut sind, ohne Hintergedanken. Das ist so, weil sie natürlich sind." (Donald Pfaff)

Im Hinblick auf Erwachsene konnten Dan Batson und sein Team in zahlreichen Experimenten ebenfalls bestätigen, dass es wirklichen Altruismus gibt. Diejenigen, die das größte Mitgefühl für das Opfer verspüren, empfinden die gleiche Zufriedenheit über das Ende des Leids eines Menschen – unabhängig davon, ob sie selbst die heldenhaften Helfer waren oder schlicht nur wissen, dass das Opfer am Ende beispielsweise keine Stromstöße mehr erhält. Auch ihre Zufriedenheit beruht hier also auf dem Ende des Leids des anderen, nicht darauf, ob sie dabei selbst als edle Samariter den Profit einfahren können.

„Die Ergebnisse der über 15 Jahre durchgeführten 25 Forschungsarbeiten haben die Annahme bestätigt, dass wahrer Altruismus, der einzig und allein auf der Motivation beruht, das Wohl des anderen zu ermöglichen, wirklich existiert. (...) Bis heute gibt es keine plausible Erklärung für die Ergebnisse dieser Studien, die sie mit Egoismus begründen würde." (Dan Batson)

Protopische Erkenntnis

Menschen können wirkliche Altruisten sein und ihr Verhalten nicht durch irgendeinen angeblichen Egoismus erklärt werden.

Anstatt so viel Energie darauf zu verschwenden, den Altruismus wegzuleugnen, sollten wir uns eher fragen, warum allein die Vorstellung eines echten Altruismus so viele Menschen derart nervt, dass sie sich solche Mühe machen, ihn infrage zu stellen!

Was zeichnet Menschen besonders aus, die Juden im Zweiten Weltkrieg gerettet haben?

Es waren besonders fürsorgliche und empathische Menschen, die oft auch viele jüdische Freunde hatten.

Jeder kennt wahrscheinlich Erzählungen von Menschen, die im Zweiten Weltkrieg unter Lebensgefahr Juden vor dem sicheren Tod bewahrt haben. Die Geschichte von Oskar Schindler wurde zu einem viel gesehenen Kinofilm. Nicolas Winton, dessen Leben nun auch verfilmt wurde, rettete Hunderte jüdische Kinder, ohne später auch nur einem Menschen davon zu erzählen. (Auf unserer Webseite kannst Du den berührenden Moment sehen, als er Jahrzehnte später davon überrascht wird, „seine" jüdischen Kinder wiederzusehen und Du findest dort auch viele weitere Beispiele für Lebensretter.) Oder Chambon-sur-Lignon, ein französisches Dorf mit gerade 3.300 Einwohnern, das nicht weniger als 5.000 Juden versteckte. Oder die massive Unterstützung der Dänen, als den dort lebenden Juden die Deportation drohte. Dank der gemeinsamen Hilfe konnten sich fast alle Juden verstecken oder es gelang ihnen die Flucht! Und auch in Bulgarien verlief die Deportation der Juden nicht so, wie es sich die deutsche Führung vorgestellt hatte.

Bei vielen Judenrettungen standen oft hinter dem eigentlichen Retter noch eine Vielzahl weiterer Helfer. Der Holocaustüberlebende Krzysztof Wodiczko erklärte später, dass jeder einzelne Nachbar in dem Warschauer Wohnhaus bei seiner Rettung mitgeholfen habe.

„Man braucht 47 Menschen, um eine jüdische Familie zu retten."
(Krzysztof Wodiczko)

Heute geht man von mehr als 50.000 Menschen aus, die Juden im Zweiten Weltkrieg das Leben gerettet haben. Die israelische Gedenkstätte Yad Vashem hat offiziell über 27.000 Menschen mit dem Titel „Gerechte unter den Völkern" geehrt.

Der Schlüssel

Oberflächlich betrachtet, scheinen diese Lebensretter nichts gemeinsam zu haben. Sie waren sowohl Frauen als auch Männer, gebildete Akademiker und ungebildete Bauern, Reiche und Arme. Weder ein moralisches Pflichtgefühl noch ihre Religion waren für ihr Verhalten entscheidend. Eine Auffälligkeit gab es aber: Sie hatten alle jüdische Freunde oder Bekannte. Genauer gesagt, hatten sie vorher zweimal mehr jüdische Freunde als der Durchschnitt. Du erinnerst Dich an die Bedeutung von Kontakt und Begegnungen (→ S. 54 ff.)?

Die Lebensretter waren zudem ausgesprochen fürsorgliche und empathische Menschen. Dies kam nicht von ungefähr, denn diese Menschen, die ihr Leben für andere riskiert haben, stammten aus fürsorglichen und besonders empathischen Familien. Sie hatten eine sichere Bindung zu ihren Eltern. Die Erziehung, die sie genossen hatten, setzte nur wenig auf Autorität, sondern versuchte, Empathie, Mitgefühl, Altruismus, Toleranz und Selbstbestimmung vorzuleben und weiterzugeben. Die Bedeutung dieser Ziele wurde den Kindern erklärt und nicht mittels Disziplin eingehämmert. In gewisser Weise war also die Erziehung der Lebensretter genau das Gegenteil des autoritären Erziehungsstils, der in dieser Zeit so stark verbreitet war und auf blinden Gehorsam abzielte.

„Jeder von uns ist der Beweis dafür, dass man selbst in der Hölle, selbst in dieser Hölle, die sie den Holocaust nennen, dem Guten, der Liebe, der Güte und dem Mitgefühl begegnen konnte." (Abraham Foxman, Überlebender der Shoah)

Und danach?

Nicht nur die hohe Zahl von 50.000 Rettern mag überraschen. Verblüffend ist auch, dass fast alle ihre eigene Tat völlig normal fanden (nur drei Prozent stufen sie selbst als „außergewöhnlich" ein) und nur selten oder nie darüber sprachen. Nach dem Krieg lehnte die große Mehrheit Auszeichnungen und Entschädigungen ab, selbst wenn sie teilweise in Armut lebten.

Auch erstaunlich: Eine Studie fand heraus, dass von 247 Menschen, die gebeten wurden, Juden zu helfen, nur zehn Menschen abgelehnt haben. Nicht von der Schlechtigkeit des Menschen überzeugt zu sein, sondern – trotz der Gefahr – vertrauensvoll zu fragen, konnte also Menschenleben retten!

Nach einer intensiven Analyse der Lebensumstände der „Gerechten unter den Völkern", kommt ein Forscher von Yad Vashem zu dem Schluss:

„Die Güte, die von der überwältigenden Mehrheit dieser ‚Gerechten unter den Völkern' an den Tag gelegt wird, ist kein rätselhaftes Phänomen, das eine mühsame Erforschung der Feinheiten ihres sozialen, psychologischen, ethnischen, religiösen und wirtschaftlichen Hintergrunds erfordert, sondern eine grundlegende menschliche Eigenschaft, die aus ihrem erzwungenen Schlummer geweckt und kultiviert werden muss – indem wir ihre wohltuende Präsenz in unserem Leben tolerieren, anstatt sie zu unterdrücken. Anderen in Not zu helfen, auch wenn es für einen selbst sehr unangenehm ist, sollte nicht als eine lobenswerte oder unnatürliche Art menschlicher Reaktionsfähigkeit angesehen werden, sondern als eine natürliche und notwendige Veranlagung." (Mordecai Paldiel)

Protopische Erkenntnis

Die Basis für ein menschliches Leben, in dem man auch in unmenschlichen Zeiten die Mitmenschlichkeit lebt, sind sichere Bindungen und mitmenschliches Verhalten, das durch Erklären und Vorleben in der Erziehung gefördert wird.

Wie sieht es mit dem Altruismus aus, wenn die Rettung etwas einfacher ist? Ein Experiment: Menschen können Geld einsetzen, um kleine Elektroschocks zu vermeiden, die ihnen selbst oder Unbekannten drohen, die sie nicht sehen können.

Wen schützen die Menschen mit ihrem Geld?

Menschen setzen deutlich mehr Geld ein, um Unbekannte vor Schmerzen zu schützen.

„In den letzten 20 Jahren haben wir festgestellt, dass Menschen weltweit viel moralischer und viel weniger egoistisch handeln, als Ökonomen und Evolutionsbiologen zuvor angenommen hatten, und dass unsere moralischen Grundsätze überraschend ähnlich sind: Gegenseitigkeit, Fairness und Hilfe für Menschen in Not, sogar wenn das Handeln aus diesen Motiven für eine Person persönlich kostspielig sein kann." (Samuel Bowles)

In diesem grundlegenden Experiment stellen die meisten Menschen das Wohl anderer Menschen über ihr eigenes. Im Durchschnitt setzen sie sogar doppelt so viel Geld ein, um einem unbekannten Menschen, den sie nicht sehen können, Schmerzen zu ersparen, wie um sich selbst zu schützen.

„Menschen sorgten sich mehr um den Schmerz eines anonymen Fremden als um ihren eigenen Schmerz, trotz der Tatsache, dass ihre Entscheidungen völlig anonym waren, ohne die Möglichkeit, in Zukunft negativ beurteilt oder bestraft zu werden." (Studienteam um Molly Crockett)

Die Erklärung, die die Wissenschaftler für am wahrscheinlichsten halten: Menschen möchten nicht für das Leid anderer verantwortlich sein. Das ist ihnen so wichtig, dass sie dafür sogar Schmerzen auf sich nehmen.

Protopische Erkenntnis

Das altruistische Verhalten der Menschen ist viel ausgeprägter, als wir meistens glauben. Uns Menschen ist es häufig sogar wichtiger, nicht für das Leid anderer verantwortlich zu sein, als sich selbst vor Schmerz zu schützen.

Ein Experiment: Menschen erhalten ein unerwartetes Geschenk von 20 Euro.

- Die Hälfte von ihnen darf das Geld für sich selbst ausgeben.
- Die andere Hälfte muss es am selben Tag für andere verwenden.

Wer fühlt sich am Abend besser?

Seht nur, wie Freude durch Teilen entsteht! Diejenigen, die geben, erleben die wahre Zufriedenheit. Es ist das Glück, andere glücklich zu machen, das am Ende des Tages das Herz erwärmt.
Manche fühlen sich vielleicht besser, weil sie geholfen haben, aber andere finden Freude darin, sich selbst etwas zu gönnen. Es ist die Vielfalt, die uns menschlich macht…
Warum etwas für andere ausgeben, wenn man das Glück haben kann, alles selbst zu besitzen? Mehr für mich, weniger für andere – das ist die wahre Freude!

Menschen, die Geld für andere ausgegeben haben, fühlen sich meistens besser.

Entgegen den Annahmen der klassischen Wirtschaftswissenschaften sind Menschen, die mit dem geschenkten Geld anderen eine Freude gemacht haben, abends in besserer Stimmung, als diejenigen, die sich selbst etwas Gutes tun durften. (Unsere protopische Übung: Probiers mal aus!)

In einer vergleichbaren Studie werden die Teilnehmer vorab nach ihrer Erwartung befragt. Die große Mehrheit ist überzeugt: Geld für sich selbst auszugeben erhöht ihr Wohlbefinden. Aber weit gefehlt!

Eine weitere Untersuchung des Studienteams entdeckte: Menschen, die einen größeren Anteil ihres Einkommens für andere Menschen verwenden, fühlen sich besser. Ihr Wohlbefinden ist dabei unabhängig davon, wie viel Geld sie für sich selbst ausgeben.

Ein viertes Experiment: Menschen, die eine Bonuszahlung ihrer Firma erhalten haben, werden befragt, was sie mit dem Bonus machen und wie sie sich fühlen. Ergebnis?

„Arbeitnehmer, die mehr von ihrem Bonus für prosoziale Ausgaben aufgewendet hatten, erlebten ein größeres persönliches Glück nach dem Erhalt des Bonus bzw. die Art, wie der Bonus ausgegeben wurde, hatte einen größeren Einfluss auf das Glück (…) als die Größe des Bonus selbst." (Studienleiterinnen Elizabeth Dunn und Lara Aknin)

Das universelle Glück des Gebens

Andere Forscher kommen zum gleichen Ergebnis: Studenten erhalten fünf Tage lang jeweils fünf Euro täglich geschenkt. Ein Teil darf das Geld für sich selbst ausgeben, die übrigen sollen jeden Tag auf genau dieselbe Weise die fünf Euro an andere Menschen verschenken. An jedem Abend werden die Menschen befragt, wie sie sich fühlen. Während sich viele anfangs durchaus darüber freuen, fünf Euro für sich selbst zu haben, nimmt dieses Glücksgefühl mit jedem Tag ein wenig mehr ab. Sie gewöhnen sich daran. Die Menschen jedoch, die andere beschenken, erleben selbst am fünften Tag noch ein ähnliches Glücksgefühl wie zu Anfang. Es setzt keine Gewöhnung ein!

„Das Glück, das wir durch das Schenken empfinden, scheint sich selbst zu erhalten." (Studienleiter Ed O'Brien und Samantha Kassirer)

Na, da wollen wir doch mal großzügig ein wunderbares Zitat direkt hinterher legen!

„Der Geist wird reich durch das, was er empfängt, das Herz durch das, was es gibt." (Victor Hugo)

Protopische Erkenntnis

Das Social Brain des Menschen ist ideal auf mitmenschliches Verhalten eingestellt. Das Belohnungszentrum belohnt altruistisches Verhalten stärker: Geben macht seliger als Nehmen!

Wenn man das Gehirn des Menschen so gestalten wollte, dass Menschen von Natur aus möglichst großzügig sind und Mitmenschlichkeit bei ihnen großgeschrieben wird, würde man das Belohnungszentrum genauso einrichten, wie es ist!

Wirkt sich die Fähigkeit, sich für Andere zu freuen, positiv auf das eigene Wohlbefinden aus?

Sich für andere Menschen zu freuen, tut gut!

Es gibt nicht nur das Mitgefühl des Menschen, das uns von der Natur in die Wiege gelegt worden ist, sondern auch die Mitfreude!

„Freude an der Freude und Leid am Leid des Anderen, das sind die besten Führer der Menschen." (Albert Einstein)

Alle Verhaltensweisen des Menschen, die soziale Bindungen stärken, wirken sich positiv auf unser Wohlbefinden aus. So auch die Mitfreude, eine Fähigkeit, derer so selten gedacht wird, dass einem das deutsche Wort – als Gegensatz zum Mitleid – echt gewöhnungsbedürftig vorkommt. Witzigerweise haben die US-Amerikaner hierfür ein eigenes Wort erfunden. Als Gegensatz zur Schadenfreude, das auch im Englischen als deutsches Wort benutzt wird, wurde das Wort „Freudenfreude" aus der Taufe gehoben!

„Lieben heißt, sich am Glück eines anderen freuen, (...) fremdes Glück zu seinem eigenen machen." (Gottfried Wilhelm Leibniz)

Es gibt inzwischen eine ganze Reihe wissenschaftlicher Belege dafür, dass Mitfreude in direktem Zusammenhang mit erhöhtem prosozialem Verhalten und Wohlbefinden steht.

Mitfreude ist übrigens auch ein guter Weg, um die eigene Empathie zu steigern! Also, probier's doch mal aus! Und wenn Du hierfür noch ein gutes Motto brauchst:

„Alles Glück der Welt entsteht aus dem Wunsch, dass andere glücklich sein mögen." (Buddha)

Protopische Erkenntnis

Sich mitzufreuen, ist etwas Schönes. Es steigert auch die Empathie und tut gut.

„Willst Du glücklich sein im Leben, trage bei zu anderer Glück; denn die Freude, die wir geben, kehrt ins eigene Herz zurück."
(Johann Wolfgang von Goethe)

Hat Dankbarkeit Einfluss auf Wohlbefinden und Gesundheit?

Dankbarkeit verbessert Gesundheit und Wohlbefinden.

Kein Gefühl spielt in unserem Leben so eine bedeutende Rolle und wird zugleich beim Nachdenken über das Leben so stiefmütterlich vernachlässigt wie Dankbarkeit!

„Dankbarkeit ist nicht nur die größte aller Tugenden, sondern auch die Mutter von allen." (Cicero)

Zwei Formen der Dankbarkeit kann man unterscheiden:

— Dankbarkeit über das, was uns im Leben geschehen ist.
— Dankbarkeit anderen Menschen gegenüber.

„Im normalen Leben wird es einem oft garnicht bewußt, daß der Mensch überhaupt unendlich mehr empfängt, als er gibt, und daß Dankbarkeit das Leben erst reich macht." (Dietrich Bonhoeffer)

Heilmittel

Die Wirkung dieser beiden Formen der Dankbarkeit wird in Studien dadurch geprüft, dass Menschen entweder anderen Menschen danken oder regelmäßig ein Danktagebuch über die schönen Dinge in ihrem Leben schreiben sollen. Beide Formen der Dankbarkeit wirken sich positiv aus:

— Dankbarkeit steigert das Wohlbefinden.
— Dankbarkeit stärkt das Immunsystem und verbessert die Gesundheit.
— Dankbarkeit steigert auch das Wohlbefinden des Partners.
— Dankbarkeit verringert die Gefahr von PTBS.

„Nicht die Glücklichen sind dankbar. Es sind die Dankbaren, die glücklich sind." (Francis Bacon)

Menschen, die anderen ihre Dankbarkeit gezeigt haben, werden anschließend befragt, wie sie sich fühlen. Die Antwort ist eindeutig: 95 Prozent fühlen sich besser. Mehr als die Hälfte sagt sogar, dass es sie sehr glücklich gemacht habe!

Macht man sich näher Gedanken über das Wesen der Dankbarkeit, leuchtet schnell ein, weshalb sie eine solch wunderbare Wirkung entfalten kann: Auf der einen Seite richtet Dankbarkeit den Fokus auf die schönen Dinge des Lebens. (Das kann eine Hilfe sein: Depressive Menschen unterscheiden sich von nichtdepressiven Menschen nicht dadurch, dass sie sich an mehr negative Erlebnisse erinnern können, sondern – unter anderem – dadurch, dass sie seltener an positive Erlebnisse denken.) Dankbarkeit ist auch ein wunderbarer Ausflug in die Welt jenseits des Konsums, Materialismus und Status, die uns vor Gewöhnung an das Positive schützt.

„Je mehr Sie zum Kenner der Dankbarkeit werden, desto weniger sind Sie Opfer von Ärger, Depression und Verzweiflung. Dankbarkeit wird zu einem Elixier, das die harte Schule unseres Egos – unseren Wunsch zu besitzen und zu kontrollieren – langsam auflöst und Sie zu einem großzügigen Wesen werden lässt." (Sam Keen)

Dankbarkeit reduziert naturgemäß die materialistische Lebenseinstellung, den manischen sozialen Vergleich mit den Mitmenschen und den Neid. Alles Gift für Wohlbefinden und Gesundheit.

Und nicht zuletzt: Dankbarkeit ist der Boden für den Altruismus. Dankbarkeit motiviert, sich durch eine eigene Tat zu bedanken, aber auch generell altruistisch zu sein.

„Bewahren von Dankbarkeit besteht darin, dass ich für alles, was ich Gutes empfangen habe, Gutes tue." (Albert Schweitzer)

Probier's einfach mal aus! Dafür reicht schon, alle drei Tage aufzuschreiben, wofür Du dankbar bist. Oder einfach mal einem wichtigen Menschen in Deinem Leben „Danke" zu sagen.

„Dankbarkeit ist der Himmel selbst, und es könnte kein Himmel sein, gäbe es die Dankbarkeit nicht." (William Blake)

Schlechte Bedingungen für Dankbarkeit

Leider ist die aktuell so verbreitete Forderung nach mehr Eigenverantwortung eine Bedrohung für Dankbarkeit. Dankbarkeit kann es nur in einer Welt des Miteinanders geben, nicht aber unter der ständigen Forderung, wir sollten uns auf die Verantwortung uns selbst gegenüber konzentrieren und unser eigenes Glück schmieden. Denn je eigenverantwortlicher und damit unabhängiger wir uns von unseren Mitmenschen fühlen, desto weniger Anlass haben wir jemandem – außer natürlich uns selbst – dankbar zu sein. Deshalb führt der Widerstandskämpfer Dietrich Bonhoeffer sein obiges Zitat auch warnend fort:

„Man überschätzt wohl leicht das eigene Wirken und Tun in seiner Wichtigkeit gegenüber dem, was man nur durch andere geworden ist." (Dietrich Bonhoeffer)

Ist man sich dieser Gefahr bewusst, bleibt die Tatsache: Dankbarkeit hat viele Sonnenseiten. Gerade als Gefühl, dass uns vor übermäßigem Egoismus schützt und den Mitmenschen wieder mehr in den Fokus rückt. Denn Dankbarkeit erinnert uns daran, dass auch in der sogenannten Leistungsgesellschaft vieles nicht allein das Ergebnis unserer eigenen Leistung ist.

Protopische Erkenntnis

Dankbarkeit ist gesund und tut gut! Ein Blick auf die Lichtblicke des Lebens lohnt sich, denn wir alle kennen Menschen, denen wir schon immer mal „Danke" sagen wollten.

„Wie sollte ich nicht meinem ganzen Leben dankbar sein?" (Friedrich Nietzsche)

Beeinflussen Egoismus oder Altruismus unsere Gesundheit nachweislich?

Altruismus ist gesund!

Auf geht's zu einem Kurztrip nach Roseto! Eine Kleinstadt der USA in den 1950er-Jahren. Einem Arzt fiel auf, dass in den 17 Jahren, die er dort arbeitete, so gut wie kein Bewohner unter 65 Jahren einen Herzinfarkt erlitten hatte, obwohl das die Todesursache Nummer eins für Menschen dieser Altersgruppe in den USA war. Auch wenn die Bewohner von Roseto ähnlich häufig rauchten, sich fettreich ernährten und kaum Sport trieben, traten bei ihnen nicht annähernd so viele Herz-Kreislauf-Erkrankungen wie in den Nachbarstädten auf. Männer über 65 Jahren litten beispielsweise nur halb so oft an Herzkrankheiten. Auch Sucht, Depression, Selbstmord und Kriminalität waren deutlich weniger zu verzeichnen.

Was war hier los? Die Forscher, die dann nach Roseto reisten, standen vor einem Rätsel. Nach einer intensiven Untersuchung stellten sie fest, dass die besonders enge soziale Verbundenheit, der gelebte Altruismus, die hohe Kooperation, das Desinteresse am eigenen Status und die fehlende materialistische Lebenseinstellung Roseto besonders kennzeichneten und wahrscheinlich der Grund für die außergewöhnlich gute Gesundheit war. Mit anderen Worten: Die gesündesten Menschen in den USA waren ausgerechnet diejenigen, die am wenigsten den amerikanischen Traum vom Tellerwäscher zum Millionär lebten!

„Die erste Person, die von Mitgefühl profitiert, ist diejenige, die es empfindet." (Dalai Lama)

Ein kapitaler Kulturschock

Leider war dieser protopische Lichtblick nur von kurzer Dauer. Gut zehn Jahre später, Ende der 1960er, reisten die Forscher wieder nach Roseto und entdeckten gravierende Veränderungen. Die kapitalistischen „Tugenden" hatten nun Einzug gehalten. Teure Autos pflasterten die Straßen, und der Lebensfokus richtete sich weniger auf die Bedürfnisse der Familie und der Gemeinschaft, sondern auf die eigenen. Das Teilen war dem Wettbewerb gewichen, und die ältere Generation wurde nicht mehr zu Hause gepflegt, sondern ins Altersheim verlegt.

Mit dieser fundamentalen Veränderung der Verhaltensweisen in Roseto ging auch eine verheerende Veränderung der Gesundheit einher: Herzinfarkte waren jetzt mehr als doppelt so häufig wie noch wenige Jahre zuvor. Bluthochdruck hatte sogar noch stärker zugenommen.

Im Jahr 1992 fand dann die letzte Untersuchung von Roseto statt. Die Kleinstadt war nichts Besonderes mehr und in jeder Hinsicht für die USA typisch. Das Gesamtergebnis der Untersuchung über knapp 40 Jahre: Während des altruistischen und kooperativen Lebensstils war die Gesundheit in Roseto deutlich besser als in der Umgebung. Sobald sich aber der Lebensstil änderte und Egoismus, Konkurrenz, Konsum und Statuswettkampf das Verhalten der Menschen bestimmten, verschlechterte sich ihre Gesundheit ebenso deutlich wieder.

Zeit für eine kleine protopische Übung?

Was denkst Du über die Warnung von Erich Fromm, „eine gesunde Wirtschaft (ist) nur um den Preis kranker Menschen möglich"?

Was Menschen guttut

Unsere Art des Wirtschaftens und wie wir zusammenleben, hat direkte Auswirkungen auf unsere Gesundheit. Zahllose Studien belegen, was in Roseto passiert ist: Altruismus wirkt sich positiv auf Gesundheit und Wohlbefinden aus. Das ist ein Thema, das den Studenten nirgendwo im Medizinstudium über den Weg läuft. So gut wie kein Arzt verschreibt dieses kostenlose Medikament seinen Patienten, dabei ist es ganz natürlich und ohne Nebenwirkungen. Altruismus verlängert sogar unsere Lebenserwartung und lindert Schmerz, auch chronischen Schmerz.

Prosoziales Verhalten generell erhöht das Wohlbefinden, ist gesundheitsfördernd und lebensverlängernd. Ähnliches gilt für freiwilliges Engagement, wie wir schon gesehen haben (→ S. 49). Anderen Gutes tun, tut gut!

„An des anderen Vorteil denken wird zum eigenen werden."
(Chinesisches Sprichwort)

Protopische Erkenntnis

Altruistisches Verhalten tut unserer Gesundheit gut und steigert das Wohlbefinden. Denn altruistisches Verhalten entspricht eher der Natur des Menschen, die auf das Miteinander ausgerichtet ist!

Eigentlich ist es doch ganz logisch.

Ist Altruismus ansteckend?

Altruismus ist ansteckend.

Lust auf protopische Kettenreaktionen?

Ein Lächeln ist ansteckend. Das haben wir schon bei den Spiegelneuronen gelernt. Gute Laune ist ansteckend. Genau wie Gähnen, Höflichkeit und … Altruismus!

Eine kleine Geschichte als Einstieg: Eine Kellnerin in einem Restaurant in Port Richmond (USA) bringt einem Paar die Rechnung an den Tisch, als die beiden sie mit einer ungewöhnlichen Bitte überraschen: Sie begleichen ihr Mittagessen und wollen zugleich für den Tisch zahlen, der als Nächstes die Rechnung verlangt. Das Paar geht und lässt eine verblüffte Kellnerin zurück. Anschließend erklärt sie den verdutzten Gästen am nächsten Tisch, ihr Essen sei bereits bezahlt. Die Folgen dieser Einladung: Fünf Stunden erlebt das Restaurant den Schneeballeffekt einer großzügigen Tat. Ein Tisch nach dem anderen lädt spontan einen weiteren Tisch ein. Kein Gast fragt dabei auch nur nach der Summe der zu begleichenden Rechnung des unbekannten Tisches. „Es war zauberhaft. Ich hatte Tränen in den Augen. Ich arbeite hier seit zehn Jahren und ich habe so etwas noch nie gesehen", erinnert sich die Kellnerin später.

„Der Altruismus zieht Kreise wie ein Stein, den man ins Wasser wirft. Diese Kreise sind zu Beginn ganz klein, doch werden immer größer, bis sie den gesamten Ozean erfasst haben." (Alexandre Jollien)

Altruistische Organspende

Noch ein unglaubliches Beispiel: Im Jahr 2007 spendet in den USA ein junger Mann einer unbekannten Frau seine Niere, ohne irgendeine Gegenleistung zu erwarten. Daraufhin entscheidet sich deren Mann, der aus medizinischen Gründen nicht als Spender für seine Frau infrage gekommen ist, selbst einer unbekannten Person seine Niere zu schenken. Als eine junge Frau daraufhin durch seine Niere gerettet wird, bietet deren Mutter ihre eigene Niere zur Spende an. So setzt sich eine Kette von Organspenden quer durch die USA fort, zu der niemand gezwungen ist. Allein die Spende des ersten Mannes setzt zehn erfolgreiche Nierentransplantationen in Gang! Inzwischen kommt es immer wieder zu solchen lebensrettenden Spendenketten. Sie haben jetzt auch einen Namen: altruistische Nierenspende. Jedes Jahr spenden in den USA 150 Menschen altruistisch ihre Niere. In Großbritannien sind es 100.

„Die Tugend bleibt nicht einsam, sie findet Nachbarschaft gewiss."
(Konfuzius zugeschrieben)

Achtung: Protopische Ansteckungsgefahr!

Eine Reihe wissenschaftlicher Studien belegt, dass Altruismus ansteckend ist. Wenn beispielsweise Autofahrer eine Person am Straßenrand sehen, die einem anderen Autofahrer bei einer Reparatur hilft, verdoppelt sich die Wahrscheinlichkeit, dass sie selbst wenige Hundert Meter weiter anhalten, wenn dort eine andere Person Probleme mit dem Auto hat. Wenn Menschen die Hilfsbereitschaft anderer erleben, erhöht sich ihre eigene Bereitschaft zu helfen um sage und schreibe 50 Prozent. Beeindruckend auch: Menschen, die aus einer geizigen Arbeitsgruppe in eine spendierfreudige Arbeitsgruppe wechseln, lassen sich anstecken und werden selbst großzügiger.

Grenzenlose Ausbreitung

Soziale Ansteckung zieht sogar noch weitere Kreise als den direkten Freundes- und Bekanntenzirkel. Wissenschaftler haben festgestellt, dass sich altruistisches und kooperatives Verhalten über drei Stufen ausbreitet. Der Altruismus eines Menschen hat also nicht nur Auswirkungen auf die hierdurch direkt erreichte Person, sondern auch auf den Freund dieses Menschen. Und auf die Freundin des Freundes der Person, der geholfen wurde! Wenn man bedenkt, dass sich in unserem globalen Dorf alle Menschen auf der Welt über nur sechs Stufen kennen (man nennt das das „Eine Welt-Phänomen"), dann kann man das protopische Potenzial von gelebtem Altruismus ermessen! Übrigens: Altruismus ist erlernbar. Willst Du wissen, wie? Dann scann den QR-Code!

Protopische Erkenntnis

Altruismus ist in hohem Maße ansteckend. Jeden Tag eine gute Tat ist nicht nur ein romantisches Pfadfinder-Ideal, sondern kann tatsächlich das Leben vieler Menschen protopisch verändern.

Exkurs 5: Konkurrenz und Kooperation

Und was ist mit Konkurrenz? Ist der Mensch von Natur aus auf Konkurrenz eingestellt? Mögen wir nicht alle Konkurrenzspiele? Gibt man denn nicht besonders unter dem Druck der Konkurrenz sein Bestes?

„Der Egoismus hat seinen Kreislauf vollendet, und diese Vollendung hat er in der Konkurrenz erreicht. In ihr hat der Egoismus seine klassische Gestalt erhalten." (Moses Hess)

Ein Blick auf die Kleinkinder

Will man mehr über die Natur des Menschen wissen, lohnt sich wieder ein Blick auf Kleinkinder: Was geschieht, wenn sie sich zwischen Kooperation und Konkurrenz entscheiden müssen? Genau vor diese Wahl werden 14 bis 24 Monate alte Kleinkinder in einer Reihe von Experimenten gestellt. Das Ergebnis ist eindeutig: Kleinkinder entscheiden sich bei Spielen und beim Lösen von Aufgaben meistens für Kooperation. Oft opfern sie sogar ihre Belohnung, um wieder neu anfangen zu können.

Weitere Studien bestätigen das Ergebnis. Kleinkinder bevorzugen deutlich die Gemeinschaftsoption. Schimpansen gehen bei diesem Experiment dagegen normalerweise immer dorthin, wo es am meisten Futter gibt.

Bemerkenswert: Kinder im Vorschulalter können die Grundidee von Konkurrenzspielen oft noch gar nicht verstehen. Sie müssen das Spiele-Konzept erst erlernen, bei dem es meistens nur Sieger und Verlierer gibt. Übrigens: Zwei Drittel der Sechstklässler bevorzugen kooperative Lernsituationen gegenüber Konkurrenzsituationen.

Experimente mit Erwachsenen bringen auch etwas Überraschendes ans Licht: Kooperation ist spontan die erste Wahl der Menschen. Je schneller Menschen eine Entscheidung treffen müssen, desto kooperativer und großzügiger sind sie. Je mehr Zeit zum Nachdenken man ihnen lässt, desto mehr tendieren ihre Entscheidungen aber zur Konkurrenz und zum Egoismus. Spätestens hier sollten wir uns wieder an unser Social Brain erinnern. Kooperation aktiviert das Belohnungszentrum. Konkurrenz aber wird nicht belohnt!

„Wir sind – aus neurobiologischer Sicht – auf soziale Resonanz und Kooperation angelegte Wesen." (Joachim Bauer)

In der Leistungsgesellschaft, die nur den Kamerablick auf das Siegertreppchen kennt, gilt unhinterfragt die Lust auf den Sieg als die optimale Motivation, um sein Bestes zu geben und alle anderen hinter sich zu lassen. Die Boxlegende Wladimir Klitschko hat einen eindeutigen Rat zur Optimierung der Leistung: „Ich will, dass ihr kompromisslose Egoisten seid!" Sicherlich klatschen zahlreiche Trainer hier Beifall, aber ein bekannter Coach im US-College-Basketball macht einen anderen Vorschlag:

„Habe ich gewonnen? Habe ich verloren? Das sind die falschen Fragen. Die richtige Frage lautet: Habe ich alles gegeben? Wenn ja, dann bekommst du vielleicht weniger Punkte als die andere Mannschaft, aber du kannst nie verlieren." (John Wooden)

Was aber ist die Hauptmotivation für Kinder, Sport zu treiben? Eine US-amerikanische Untersuchung offenbart: Es ist der Spaß! Der zweitwichtigste Faktor ist, sein Bestes zu geben. Das Wort „Gewinnen" geht als großer Verlierer abgeschlagen auf dem neunten Platz vom Platz.

Alles nur ein Spiel

Aber woher stammt dann der Eindruck, dass Konkurrenz unsere natürliche Motivation, unser „Default Setting" ist? Vielleicht gibt die Studie „Es ist nur ein Spiel? Wettbewerb im Schulsport in Gefahr" Aufschluss: Knapp zwei Drittel der befragten Kinder und Jugendlichen gestehen, dass sie erleichtert wären (oder nichts dagegen hätten), wenn der Wettkampf beim Sport verschwände. Ganze 86 Prozent der Kinder sind überzeugt, dass der Sieg für die Eltern wichtiger sei als für die Kinder selbst. Zwei von fünf Kindern sind sich sogar sicher, ihre Eltern schauten ihnen nur wegen des Wettkampfs beim Sport zu. Weiteres Beispiel gefällig? 80 Prozent der Schüler in den USA gehen davon aus, dass ihre Eltern gute Noten wichtiger finden als Freundlichkeit und Mitgefühl. Wir Eltern haben noch viel zu lernen!

„Zu kooperieren, anderen zu helfen und Gerechtigkeit walten zu lassen, ist eine global anzutreffende, biologisch verankerte menschliche Grundmotivation. Diese Muster zeigen sich über alle Kulturen hinweg." (Joachim Bauer)

Und die Leistung? Fragt besorgt die Leistungsgesellschaft…

Metastudien, die bis in die 1990er durchgeführt wurden, um zu beurteilen, ob Konkurrenz oder Kooperation die Schüler besser motiviert und zu höheren Leistungen führt, kommen zu einem klaren Sieger: Kooperation führt in nicht weniger als 87 Prozent der Fälle zu besseren Resultaten.

Und in Unternehmen? Dort zeigen sich kooperative Angestellte am leistungsstärksten. Es gibt auch einen direkten Zusammenhang zwischen Kooperation und Zufriedenheit im Team. Im Krankenhaus rettet Kooperation sogar Leben! Medizinisches Personal, das gut miteinander kooperiert, gelingt es in kritischen Situationen häufiger, die richtigen Entscheidungen zu treffen.

„Fachidioten und Leistungssportler kann man durch Wettbewerb erzeugen. Aber nicht umfassend gebildete, vielseitig kompetente und umsichtige, vorausschauend denkende und verantwortlich handelnde, in sich ruhende und starke, beziehungsfähige Persönlichkeiten." (Gerald Hüther)

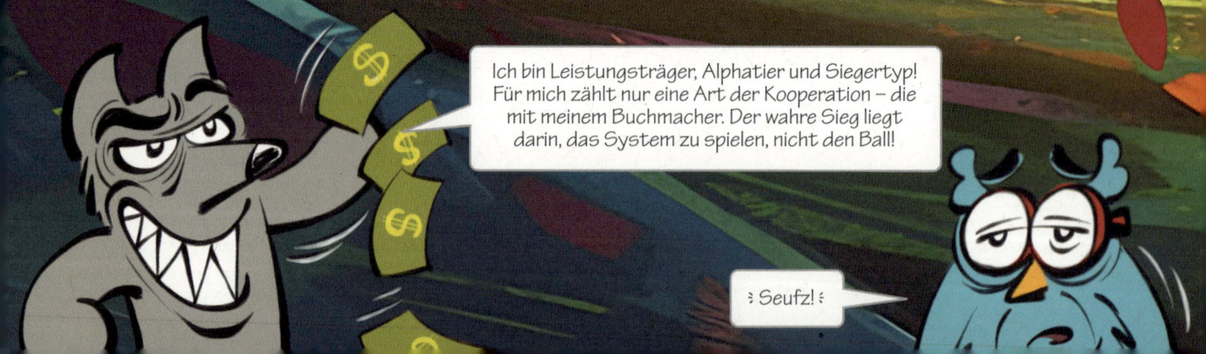

Und nicht zuletzt als protopisches Gedankenfutter: Sehr viele außergewöhnliche Leistungen und kulturelle Errungenschaften des Menschen sind das Ergebnis kooperativer Leistungen. So die Erfolgsgeschichte von Polymath: Gemeinsam konnten mehr als 40 Mathematiker zahlreiche bisher ungelöste mathematische Probleme lösen. Oder das Computersystem Linux, das von zahllosen ehrenamtlichen Experten erschaffen und erweitert wird.

Aber ist nicht eine Hauptmotivation hinter den ganz großen Erfindungen, der Reichtum, der einem bei Erfolg winkt? Das mag so aussehen, aber es gibt auch viele Gegenbeispiele, die wir leicht übersehen: Richard Salk, Erfinder des ersten Impfstoffs gegen die Kinderlähmung, ließ einen Milliardengewinn links liegen und schenkte seine Erfindung der Menschheit. Seine Begründung: Man könne auch nicht die Sonne patentieren. Lust, weitere Beispiele zu entdecken? Dann weißt Du, wo Du sie finden kannst!

Beim alltäglichen Lobgesang auf die Konkurrenz in unserer Leistungsgesellschaft vergessen wir auch leicht eine protopische Selbstverständlichkeit. In einer Welt, in der eine „Winner takes all"- Mentalität herrscht, übersieht man: Konkurrenz ist hochgradig demotivierend für die Verlierer, insbesondere für diejenigen, die sich keine Chancen auf den Sieg ausrechnen. Verlierer fühlen sich in dem System, in dem es nur einen Sieger geben kann, ausgegrenzt. Und Ausgrenzung schmerzt.

„In einer Gesellschaft, in der ständig Gewinner gesucht werden, werden ständig Verlierer produziert." (Frank Richter)

Aber damit nicht genug. Konkurrenz hat weitere destruktive Seiten: Sie macht auch den Siegern Angst. Konkurrenz produziert permanenten Stress und reduziert Freundlichkeit, Empathie und Mitgefühl. Zugleich erhöht Konkurrenz das Aggressionslevel. Kurz: Konkurrenz ist Gift für zwischenmenschliche Beziehungen und damit auch für unsere gesamte Gesellschaft!

In unserer Leistungsgesellschaft herrscht Wettbewerb. Denn Wettbewerb ist angeblich effizient und gerecht. Es kann nur einen geben. Nicht jede Ich-AG schafft es in die Medaillenränge. Dabei bleiben aber Empathie, Mitmenschlichkeit und Vertrauen auf der Strecke, denn Empathie, Mitmenschlichkeit und Vertrauen sind nichts als Stolpersteine in einer Welt des Gegeneinanders.

„Hätten wir absichtlich versucht, die Beziehungen zu sabotieren, hätten wir kaum etwas Besseres tun können, als dafür zu sorgen, dass die Menschen gegeneinander konkurrieren müssen." (Alfie Kohn)

Fazit Teil 5: Altruismus

Lass uns mal kurz verschnaufen, den Aussichtspunkt genießen und einen Blick auf unsere letzte Reise-Etappe werfen!

- Es gibt zweifelsfrei echten Altruismus.
- Lebensretter zeichnen sich durch besonders hohe Empathie und sichere Bindungen aus dank einer Erziehung, die mitmenschliche Fähigkeiten vorlebt und vermittelt.
- Menschen ist es doppelt so viel wert, andere Menschen vor Schmerzen zu bewahren als sich selbst.
- Großzügigkeit schenkt mehr und dauerhafter Wohlbefinden, als sich eigene Wünsche zu erfüllen.
- Mitfreude steigert Empathie und Wohlbefinden.
- Dankbarkeit steigert Wohlbefinden und Gesundheit.
- Altruismus und prosoziales Verhalten fördern die Gesundheit.
- Altruismus ist ansteckend. Indem wir selbstlos sind, inspirieren wir andere dazu, uns nachzuahmen.
- Kooperation ist deutlich eher unser Default Setting als Konkurrenz. Und motiviert uns auch meistens besser.

„Ein Tag genügt, um festzustellen, dass ein Mensch böse ist; man braucht ein Leben, um festzustellen, dass er gut ist.“ (Théodore Jouffroy)

Generell unterscheidet man zwischen zwei Arten von Motivation:

- **Intrinsisch** = aus sich selbst heraus motiviert
- **Extrinsisch** = durch einen äußeren Anreiz motiviert

Teil 6: Motivation und Anreize

Was motiviert Menschen von Natur aus? Welche Rolle spielen Belohnungen? Beispiel: Du schaust eine Doku, weil Du das Thema spannend findest und was Neues lernen möchtest (intrinsisch motiviert), oder Du schaust die Doku, weil Du dafür eine Belohnung bekommst oder sie für die Schule gucken musst (extrinsisch motiviert).

„Angesichts der Tatsache, dass die Motivation in unserem Leben eine so zentrale Rolle spielt, stellt sich die Frage, was wir wirklich über sie wissen. Was verstehen wir wirklich davon, wie sie funktioniert und welche Rolle sie in unserem Leben spielt? Die Annahme über Motivation ist, dass sie durch eine positive, externe Belohnung angetrieben wird. Wer dies tut, bekommt das. Was aber, wenn die Geschichte der Motivation in Wirklichkeit viel komplizierter, komplexer und faszinierender ist, als wir angenommen haben?" (Dan Ariely)

Ist der Mensch von Natur aus faul?

Der Mensch ist von Natur aus nicht faul.

„Faulheit ist tief in unserer Natur angelegt", ist der Wirtschaftsnobelpreisträger Daniel Kahneman überzeugt und schließt sich damit der Meinung des Bären an. Die Gewissheit der angeblichen Faulheit des Menschen ist so verbreitet, dass sie fast eine universelle Überzeugung ist. (Es ist bezeichnend, dass es im Deutschen kein wirklich treffendes Wort für das genaue Gegenteil von Faulheit gibt; „Fleiß" trifft es nicht ganz.) Und zeigt sich nicht die Faulheit auch in jeder Schule und an jeder Straßenecke?

In Wirklichkeit aber ist der Mensch von Natur aus das genaue Gegenteil von faul! Der Beweis dafür ist ebenso einfach wie offensichtlich. Deshalb verschlägt es einem eigentlich die Sprache, wie hartnäckig sich trotzdem der Mythos von der angeblich angeborenen Faulheit bis heute hält. Es liegt vielleicht an einer grassierenden Denkfaulheit!

Die Beobachtung von Babys und Kleinkindern reicht vollkommen aus, um sich davon zu überzeugen. Ein faules und antriebsloses Baby wäre auf die Dauer schlicht nicht überlebensfähig und müsste schleunigst zum Arzt. Neugierde und Entdeckungsdrang sind entscheidend für die kindliche Entwicklung und auch für das Erlernen aller Arten der Fortbewegung wie etwa Krabbeln und Laufen. Ohne Neugierde und ohne den inneren Drang, immer etwas Neues entdecken zu wollen, würde ein Kind vermutlich nie die Motivation verspüren, sich wieder und wieder abzurackern, um sich weiterentwickeln zu können. Stattdessen würde es bei seinem allerersten Gehversuch nach einem ungelenken Hinplumpser frustriert am Daumen nuckeln und für immer liegen bleiben.

„Das Bedürfnis zu lernen ist angeboren. Kleinkinder lernen jeden Tag dazu. Und nicht etwa Kleinigkeiten, sondern Grundfähigkeiten wie Laufen und Sprechen. Sie überlegen nicht, ob es zu anstrengend sein könnte oder ob die Mühe sich lohnt. Und sie zerbrechen sich nicht den Kopf darüber, ob sie Fehler machen oder sich blamieren könnten. Wenn sie hinfallen, stehen sie wieder auf. Sie laufen einfach los." (Carol Dweck)

Das Problem erscheint nicht in der angeblich angeborenen Faulheit zu bestehen, sondern vielmehr in den Stolpersteinen, die wir der natürlichen Neugierde der Kinder in den Weg legen.

„Das Wachstum jedes Kindes wird gestört, wenn es nicht wie ein Entdecker leben kann." (Aarne Siirala)

Was ist das Gegenteil von Faulheit?

Tatsächlich zeigen neurophysiologische Studien, dass die normale Funktionsweise des wachen Gehirns davon abhängig ist, „permanent einem sinnlichen Bombardement ausgesetzt zu sein". Daher suchen und brauchen Menschen von der Geburt an immer neue Reize. Nur so können sie sich entwickeln. Der Neugierde kommt eine besondere Rolle als lebenswichtige intrinsische Motivation zu. Sie ist gerade im Hinblick auf das Lernen von großer Bedeutung. Jeder, der zum ersten Mal mit einem Kleinkind unterwegs ist und mit einem unablässigen Schwall an Fragen bombardiert wird, kann das bestätigen.

„Ich habe keine besondere Begabung, sondern bin nur leidenschaftlich neugierig." (Albert Einstein)

Zahlreiche Studien beweisen sogar, dass Menschen nicht wirklich faul sein können. Selbst, wenn sie dazu eingeladen werden. In Experimenten wurde Menschen die Möglichkeit gegeben, 15 Minuten einfach nichts zu tun oder sich selbst zur Abwechslung kleine elektrische Schocks zuzufügen. Was machen die Menschen, die zum fröhlichen Abhängen in der Faulenzer-Hängematte gezwungen werden? Sie halten die paar Minuten nicht aus, sondern drücken lieber eine Taste, um einen kleinen elektrischen Schock zu spüren. Schmerzen sind offenbar die bessere Wahl, als nichts tun zu müssen!

Deshalb ist es eine der schlimmsten Foltern, in einem absolut weißen Raum dauerhaft jeglicher sinnlichen Veränderung beraubt zu sein. Wäre der Mensch tatsächlich von Natur aus faul, wäre die Isolationshaft ein Paradies und keine Höchststrafe, die oft das direkte Ticket in den Wahnsinn ist. Versuch einmal, nur zehn Minuten absolut nichts zu tun. Auch kein Gedankenwandern...
(Wenn Du wissen willst, warum Gedankenwandern eine faszinierende Reise wert ist und nicht schmerzt, klettere mal zum QR-Code auf S. 45.)

Bedenkliche Konsequenz

Die Überzeugung von der angeblich natürlichen Faulheit des Menschen lässt extrinsische Motivationen selbstverständlich und notwendig erscheinen. Denn ihr zufolge legen sich ohne einen entsprechenden Anreiz doch die meisten Menschen einfach auf die faule Haut. So die gängige Meinung: „Faulenzer", „Drückeberger", „Scheinarbeitslose", „Sozialschmarotzer". Deswegen ist auch die Ansicht weitverbreitet, das bedingungslose Grundeinkommen sei offensichtlicher Unsinn, weil es Faulheit auch noch belohnen würde. (Wenn Du wissen möchtest, ob das bedingungslose Grundeinkommen eine Einladung zum Faulenzen ist, lass Deiner Neugierde freien Lauf. Auf geht's zum QR-Code!)

„Niemand kann dem Einfluß eines Axioms entkommen, das uns allen von Kindheit an gelehrt wurde: das der angeborenen Faulheit des Menschen. Dieses Axiom steht nicht für sich allein. Es ist Bestandteil der allgemeineren Annahme, daß der Mensch von Natur aus schlecht sei und deshalb die Kirche oder die staatliche Gewalt brauche, um den Versuch zu machen, das Böse in ihm auszutreiben." (Erich Fromm)

Protopische Erkenntnis

Der Mensch ist definitiv nicht faul. Kleinkinder sind extrem neugierige Entdecker. Erwachsene, die zum Nichtstun gezwungen werden, empfinden das nicht als Paradies, sondern als so unangenehm, dass sie sich lieber selbst kleine Elektroschocks zur Ablenkung geben.

Welchen Einfluss hat es auf ihr Verhalten, wenn Menschen an Geld erinnert werden?

Geld kann motivieren. Menschen werden aber egoistischer, materialistischer und distanzierter, wenn sie an Geld erinnert werden.

Geld beherrscht die Welt. Geld spricht unser Belohnungszentrum direkt an. Je größer die Summe, die einen lockt, desto höher ist die Dopaminausschüttung. Geld erscheint daher als die perfekte Motivation, gerade weil der Mensch ja angeblich von Natur aus faul sein soll. Entsprechend weitverbreitet ist der Einsatz von Geld als Motivationsmittel: Sei es in Form des Gehalts, einer Bonuszahlung oder Preisgeldes. Und es scheint zu funktionieren: Menschen zeigen ein höheres Durchhaltevermögen und versuchen fast doppelt so lange, ein sehr schwieriges Problem zu lösen, wenn sie zuvor unbewusst an Geld erinnert wurden, zum Beispiel indem ein Dollarschein als Bildschirmschoner zu sehen war (in der Wissenschaft nennt man diese Methode „Priming"). Also, alles bestens in der besten aller möglichen Welten?

Leider nein. Denn die unbewusste Fokussierung auf das liebe Geld hat eine ganze Reihe bedenklicher Nebeneffekte: Menschen, die auf Geld geprimt wurden, sind egoistischer und weniger hilfsbereit. Sie sind auch im wahrsten Sinn des Wortes distanzierter gegenüber ihren Mitmenschen. Auf Geld geprimte Menschen sind auch deutlich weniger sozial und bevorzugen Einzelaktivitäten. Und nicht zuletzt sind sie weniger großzügig. Es ist offensichtlich, dass alleine der Gedanke an Geld uns Menschen trennt und aus Mitmenschen Konkurrenten macht. Dieses Phänomen ist sogar schon bei Kleinkindern zu entdecken, denen man nur die Bedeutung von Geldmünzen erklärt.

So ganz unproblematisch ist Geld als Motivator also nicht, wenn schon eine einfache Erinnerung daran solche Konsequenzen mit sich bringt. Und wie oft werden wir Menschen jeden Tag auf Geld geprimt!

Protopische Erkenntnis

Geld hat schwere soziale Nebenwirkungen: Es macht Menschen egoistischer, materialistischer und distanzierter. Ein Medikament, das kein Allheilmittel ist, sondern nur wohldosiert eingesetzt werden sollte.

„Die Liebe zum Geld als Besitz wird betrachtet werden, wie sie ist, eine irgendwie ekelhafte Krankheit, eine dieser halbkriminellen, halbpathologischen Eigenheiten, die man mit Schaudern Spezialisten in Fragen der Geisteskrankheit übergibt." (John Maynard Keynes)

Verändert Geld als Belohnung das Blutspendeverhalten?

Wenn eine Blutspende mit Geld honoriert wird, sinkt die Spendenbereitschaft.

Was motiviert die Menschen besonders gut? Die Wirtschaftswissenschaften sehen die Antwort meistens in „Anreizen“. Mit anderen Worten: extrinsische Motivation. Die Autoren des Bestsellers „Freakonomics“ schwärmen: *„Ökonomie ist im Kern eine Untersuchung über die Wirkung von Anreizen. Es geht dabei um die Frage, wie die Leute bekommen, was sie wollen oder brauchen, besonders wenn andere Leute dasselbe wollen oder brauchen. Der typische Ökonom glaubt, dass die Welt noch kein Problem erfunden hat, das er nicht lösen könnte, wenn er freie Hand hätte, das passende Schema von Anreizen zu konstruieren.“*

Die beiden Autoren unterteilen Anreize in drei mögliche Kategorien: wirtschaftliche, soziale und moralische. Schauen wir uns hier die Folgen der wirtschaftlichen Anreize an.

Als Ende der 1960er-Jahre Großbritannien einen Engpass von Blutspenden feststellte, wurde der Soziologe Richard Titmuss beauftragt herauszufinden, ob Menschen durch Geld zur Blutspende motiviert werden könnten. Eine entsprechende Umfrage ergab, dass nicht einmal zwei Prozent der Spender eine Gegenleistung erwarten. Fast alle Spender betonten, schlicht anderen Menschen in Not helfen und kein Geld verdienen zu wollen. Die Überraschung ging aber noch weiter. Denn finanzielle Anreize bei Blutspenden verringerten sogar die Anzahl der Freiwilligen!

„Finanzielle Anreize erschweren es, das eigene Handeln als Erfüllen einer Bürgerpflicht zu betrachten, und als vom Gemeinsinn zeugendes Verhalten bei anderen zu sehen. Also werden wir egoistischer.“ (Jonathan Aldred)

Die Studie rief bei einer Reihe von Wirtschaftswissenschaftlern wütenden Protest hervor. Schließlich widersprachen die Ergebnisse nicht nur zutiefst ihrer Vorstellung vom magischen Wundermittel des Anreizes, sondern auch den grundsätzlichen Bedenken, die gegenüber dem Altruismus ins Feld geführt wurden. Denn gemäß der weitverbreiteten Meinung konnte es ja einen echten, nicht vom Egoismus geleiteten Altruismus gar nicht geben, er war höchstens eine „seltene Ressource". Auf gar keinen Fall konnte das Geldgeschenk die Spendenbereitschaft zersetzen. Der Wirtschafts-Nobelpreisträger Kenneth Arrow war sprachlos: „Warum sollte die Schaffung eines Marktes für Blut den in der Blutspende verkörperten Altruismus mindern?"

Zersetzung

Auch vierzig Jahre nach der Studie halten die Ergebnisse dem Test der Zeit stand. Menschen möchten aus altruistischen Motiven Blut spenden. Durch Geld wird ihre Spende aber auf eine plumpe Ware reduziert. Allein das Gefühl, die eigene Spende könnte vergütet werden, senkt bereits die Bereitschaft zum Altruismus. Daher hat der Einsatz von Geld hier eine kontraproduktive Wirkung. Denn er ignoriert die Natur des Menschen! In der Fachsprache nennt man dies „Verdrängungseffekt".

„Wenn Menschen etwas tun, was sie von sich aus als befriedigend empfinden, könnte es ihre Motivation beeinträchtigen, wenn man ihnen Geld dafür bietet. Es könnte ihr Interesse oder Engagement verdrängen. Die ökonomische Theorie neigt dazu, alle Motivationen ungeachtet ihrer Art oder ihres Ursprungs gleich zu behandeln und zu unterstellen, dass sie sich addieren. Doch damit entgeht ihr der zersetzende Effekt des Geldes." (Michael Sandel)

Ein weiteres Experiment: Jugendlichen, die einmal pro Jahr für einen wohltätigen Zweck Spenden sammeln, wird versprochen, ihren Einsatz mit einem Anteil an den erzielten Spenden zu honorieren. Bestens motiviert sollte man meinen, dass die Einnahmen nun explodieren würden. Aber auch hier: Extrinsisch motiviert sammeln die Jugendlichen nur noch zwei Drittel ihres ursprünglichen Ergebnisses.

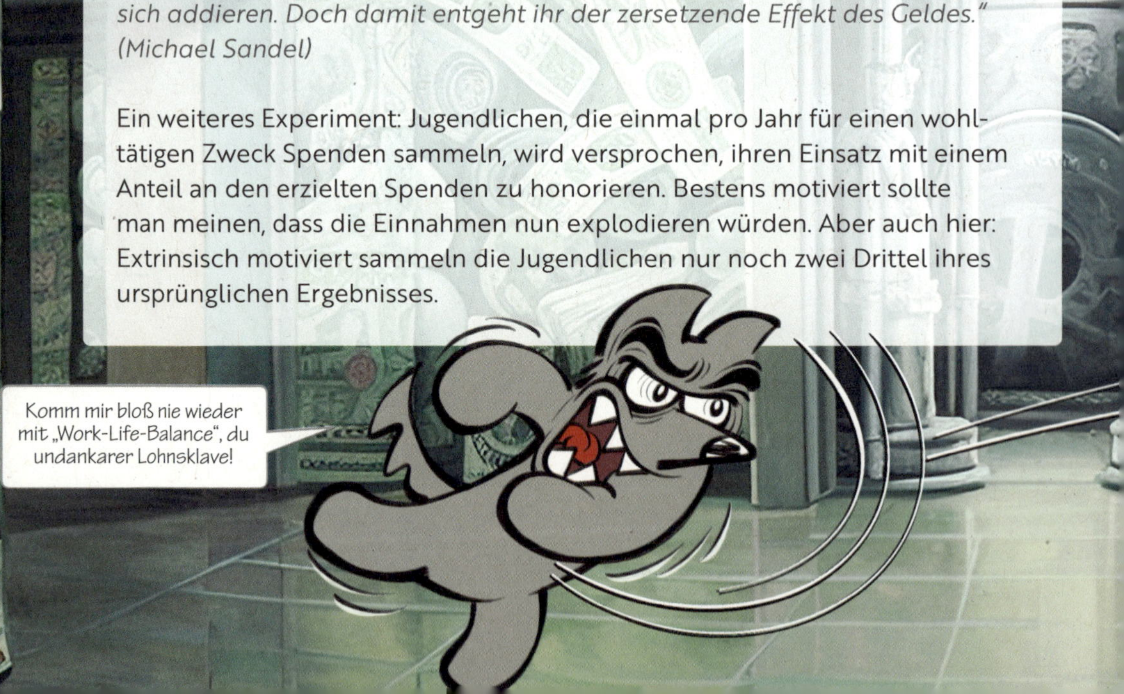

Ein weiteres Beispiel: Fragt man Anwälte, für 30 Dollar pro Stunde bedürftigen Menschen juristisch zu helfen, lehnen sie ab. Bittet man diese Anwälte, einen Gefallen zu tun und gratis zu helfen, willigen sie ein. Menschen, die man auffordert, gegen Bezahlung eine Tätigkeit zu verrichten, strengen sich oft weniger an, als wenn man sie bittet, dieselbe Tätigkeit kostenlos zu verrichten. Besonders dann, wenn es sich um einen Gefallen für einen guten Zweck handelt.

Ein ähnlich negativer Effekt kann sich bei Versuchen zeigen, bei denen durch die Androhung von Strafen motiviert werden soll. Auch hier sind Anreize mit Vorsicht zu genießen. Ein Beispiel: Eine Kindertagesstätte steht vor dem Problem, dass Eltern sich immer wieder verspäten, wenn sie ihre Kinder abholen. Also werden Verspätungen nun mit einer kleinen Geldstrafe geahndet. Resultat? Die Eltern kommen häufiger zu spät!

„Mit der Einführung einer Strafgebühr wurden die Normen geändert. Vorher mussten verspätete Eltern ein schlechtes Gewissen haben – sie bereiteten den Erziehern ja schließlich Unannehmlichkeiten. Jetzt aber sahen die Eltern eine verspätete Abholung als Service an, für den sie bezahlen konnten. Sie betrachteten die Geldbuße als Gebühr. Anstatt dem Erzieher etwas aufzuzwingen, bezahlten sie ihn einfach für seine längere Arbeitszeit." (Michael Sandel)

Noch schlimmer: Als die Kindertagesstätte die Strafe wieder abschafft, bleiben die Verspätungen auf einem höheren Niveau als vor dem Einsatz der Strafen!

„Das Gefühl der Eltern, moralisch verpflichtet zu sein, ihre Kinder pünktlich abzuholen, war untergraben worden." (Jonathan Aldred)

Die im Kapitalismus gleichsam intuitive Fokussierung auf das Geld ist blind für die intrinsische Motivationsquelle des Menschen.

Motivationsmechanismen im Praxistest

Für Freunde des Geldes kommt es noch dicker: Die Überzeugung, Geld würde bei der Arbeit zu mehr Produktivität motivieren, ist weniger eindeutig, als man denken könnte.

In einem Experiment motiviert man Mitarbeiter entweder mit Geld, einem Essensgutschein oder einem Lob des Direktors. Ergebnis: Das Lob motiviert am meisten (wenn Du mehr darüber wissen möchtest, wie ein Lob wirkt, schau nachher beim QR-Code vorbei), eng gefolgt vom Essensgutschein. Geld findet sich auf dem letzten Platz wieder. Noch schlimmer: Am Tag nach der Geldauszahlung sinkt die Leistung deutlich.

„Leider gibt es viele Möglichkeiten, Vertrauen und guten Willen zu zerstören. Die einfachste ist, Menschen direkt für ihre Leistung zu bezahlen."
(Dan Ariely)

In einem anderen Experiment belohnt man die Leistung der besten Mitarbeiter entweder mit Geschenkgutscheinen oder Geld. Menschen, die einen Gutschein erhalten haben, arbeiten danach deutlich besser als diejenigen, die mit Geld beglückt worden sind. Wenn Du übrigens mehr darüber wissen möchtest, wie gut oder schlecht ein Bonus motiviert…

Und was ist nun ein guter Anreiz?

„Nichts aktiviert die Motivationssysteme so sehr wie der Wunsch, von anderen gesehen zu werden, die Aussicht auf soziale Anerkennung, das Erleben positiver Zuwendung und – erst recht – die Erfahrung von Liebe."
(Joachim Bauer)

Protopische Erkenntnis

Die intrinsische Motivation des Menschen zur Hilfe ist generell sehr stark. Dennoch sind wir überzeugt, Geld würde uns und andere motivieren. Dadurch zersetzen wir aber unsere eigentlichen prosozialen Fähigkeiten, ohne es zu merken.

Wie werden Kleinkinder besser motiviert zu helfen? Intrinsisch oder extrinsisch?

171

Kleinkinder sind intrinsisch motiviert zu helfen. Extrinsische Motivation kann sogar schaden!

Eine der faszinierendsten Facetten des Menschen offenbart sich in dieser Frage. Es ist auch eines der größten Missverständnisse über unsere eigene Natur! Wissenschaftler untersuchten die Hilfsbereitschaft einer Gruppe von Kleinkindern im Alter von 20 Monaten. In der ersten Runde stellen sie fest, dass die Kinder sehr häufig spontan helfen und zum Beispiel von sich aus einen heruntergefallenen Gegenstand aufheben. Danach werden die Kinder in drei Gruppen aufgeteilt.

Während die erste Gruppe auf ihre Hilfe überhaupt keine Reaktion bekommt, wird den Kindern aus der zweiten Gruppe gedankt und die Kinder der dritten Gruppe werden mit einem Geschenk belohnt. Nach mehrfacher Wiederholung des Tests wird dann eine letzte Runde durchgeführt, die das eigentliche Ziel der Forscher darstellt: Genau wie zu Beginn wird jetzt bei allen Kindern wieder ihre Hilfsbereitschaft getestet. Aber diesmal gibt es weder Lob noch Belohnung.

Ergebnis: Die erste Gruppe zeigt weiterhin eine sehr hohe Hilfsbereitschaft, die der ersten Testrunde entspricht. Die zweite Gruppe hilft fast ebenso häufig. Die dritte Gruppe jedoch, die sich zuvor für ihre Hilfe jedes Mal über ein Geschenk freuen durfte, offenbart jetzt, ohne eine extrinsische Motivation, einen fast vollständigen Zusammenbruch ihrer Hilfsbereitschaft! Daher nennt man dieses Phänomen in der Fachsprache: „Korrumpierungseffekt“.

„Aus einer unbedingten Hilfsbereitschaft war eine bedingte Hilfsbereitschaft geworden.“
(Richard David Precht)

Menschen sind intrinsisch nicht nur motiviert zu helfen, sie sind auch besser und dauerhafter motiviert als durch extrinsische Anreize. Es zeigt sich ein fundamentales Problem: Die hohe Hilfsbereitschaft des Menschen läuft Gefahr, zerstört zu werden, wenn wir sie durch extrinsische Motivation ersetzen.

Offensichtlich sind auch alle Theorien mehr als fragwürdig, die behaupten, Kleinkinder legen nur mitmenschliches Verhalten an den Tag, um eine Belohnung zu erhalten. Denn die Kinder werden so korrumpiert und machen ihre Mitmenschlichkeit von Belohnungen abhängig. Enden die Belohnungen, endet die Mitmenschlichkeit.

„Belohnungen steigern ihre eigene Nachfrage." (Alfie Kohn)

Bestätigung

Ein Experiment mit sieben- bis zehnjährigen Kindern kommt zu einem ähnlichen Ergebnis. Die Kinder werden in zwei Gruppen aufgeteilt und sollen eine einfache Aufgabe lösen. Die eine Gruppe wird motiviert, indem ihnen erklärt wird, durch ihren Einsatz könnten sie einen Erlös erzielen, der schwerkranken Kindern zugutekommt. Die zweite Gruppe wird angespornt, indem jeder eine Belohnung erhält.

Einige Zeit später bitten die Wissenschaftler dann die Kinder, erneut diese Aufgabe auszuführen. Diesmal jedoch ohne irgendeine Gegenleistung. Während die erste Gruppe weiterhin mit Herz bei der Sache ist und die Aufgabe eifrig erledigt, ist die zweite Gruppe nun deutlich weniger motiviert.

„Anreize sind ein Instrument mit inhärenten Einschränkungen (...). Wenn man sie wegnimmt, endet ihre Wirkung, Anreize behandeln Symptome und nicht Ursachen, sie sind eine oberflächliche Lösung." (Ruth Grant)

Eine Metaanalyse aus dem Jahr 1999 konnte übrigens nicht weniger als 128 Studien aufführen, die belegen, dass extrinsische Anreize die intrinsische Motivation insbesondere bei Kindern verringern.

Die ganze Suche nach der besseren Motivation übersieht eine Tatsache: das Belohnungszentrum unseres Social Brains!

„Eine sehr wichtige Erkenntnis aus der Neurowissenschaft: Unsere Impulse zu Empathie, Hilfsbereitschaft und Gegenseitigkeit sind nicht mit extrinsischen Belohnungen verbunden, sondern mit Belohnungen, die in der Neurophysiologie unseres Gehirns verankert sind." (Riane Eisler und Douglas Fry)

Protopische Erkenntnis

Kleinkinder haben eine sehr hohe intrinsische Motivation und brauchen keine Belohnungen, um zu helfen. Tatsächlich können solche Anreize das prosoziale Verhalten der Kinder sogar zerstören.

Gerade weil wir so überzeugt sind, der Mensch sei von Natur aus faul und könne nur über Anreize wie Geld motiviert werden, zerstören wir unsere wunderbarsten Fähigkeiten und werden so tatsächlich zu dem, was wir zu sein glauben: ein egoistischer Mensch, der nur mit Geld motiviert werden kann!

Exkurs 6: Arbeit und Sinn

Sinn der Arbeit ist es, den Menschen in Lohn und Brot zu halten, nicht dem Menschen einen Sinn zu geben. Sinn kann man sich gerne im Privatleben, in der Freizeit und auch in ehrenamtlichen Beschäftigungen suchen. Arbeit muss keinen Sinn haben und geben. So die weit verbreitete Meinung.

Einverstanden?

Ein wunderbar kreatives Experiment hat die Frage nach der Bedeutung des Sinns unserer Arbeit untersucht. Menschen wird angeboten, eine Bionicle-Figur zu bauen (eine Art Lego für Science-Fiction-Fans).

- Für die erste Figur erhält man zwei Dollar.
- Für jede weitere jeweils elf Cent weniger. Also, 1,89 Dollar für die zweite, 1,78 Dollar für die dritte und so weiter.
- Wenn man keine Lust mehr hat, hört man einfach auf, kassiert das Geld und geht nach Hause.

Bei der einen Hälfte der Probanden stehen die gebauten Bionicles sichtbar auf dem Tisch, bei der anderen wird jede gebaute Figur sofort wieder vor den Augen des Probanden auseinandergenommen.

Was denkst Du? Macht das einen Unterschied?

Befragt man Menschen nach ihrer Einschätzung, gehen die meisten davon aus, dass beide Gruppen sich gleich verhalten, denn der Lohn ist ja identisch. Und um ihn geht es doch. In Wirklichkeit aber hat der Unterschied zwischen beiden Gruppen eine enorme Auswirkung: In der ersten Gruppe bauen die Menschen im Schnitt elf Figuren. In der zweiten Gruppe, der vor ihren Augen der Sinn ihrer Arbeit demontiert wird, haben die Menschen schon nach sieben Figuren die Lust verloren und wollen nicht mehr Geld verdienen.

In einem zweiten Experiment wird eine vollkommen sinnlose Arbeit kreiert: Die Menschen sollen unter einer Unmenge unterschiedlicher Briefe identische Schreiben finden. Für den ersten Treffer erhalten sie 55 Cent. Für jeden weiteren jeweils 5 Cent weniger. Das Besondere am Experiment: In einer Gruppe schreiben die Probanden ihre Namen auf ihren Fund. Dann kontrolliert der Leiter die beiden identischen Briefe und nickt, bevor er sie weglegt. In der zweiten Gruppe legt der Leiter, die Fundstücke zur Seite, ohne sie eines Blickes zu würdigen. In der dritten Gruppe werden die gefundenen Blätter vom Leiter ohne jede Kontrolle sofort geschreddert.

Die Auswertung bringt auch hier einen gravierenden Unterschied zu Tage: Die erste Gruppe beendet ihre Arbeit erst, wenn sie im Schnitt nur noch 15 Cent für den nächsten Treffer erhält. Wird aber die Frucht ihrer Mühe vor ihren Augen geschreddert, vergeht ihnen bereits bei durchschnittlich 29 Cent die Lust. Menschen, deren Arbeit nicht eines Blickes gewürdigt wird, sind ähnlich schnell demotiviert und geben bei 27,5 Cent auf.

„Dies legt nahe, dass man Menschen demotivieren kann, indem man ihre Arbeit ‚schreddert', dass man aber auch fast alles erreichen kann, indem man ihre Bemühungen einfach ignoriert. Anerkennung ist eine Art menschliche Magie – eine kleine menschliche Verbindung, ein Geschenk von einer Person an eine andere, das zu einem viel größeren, bedeutsameren Ergebnis führt." (Dan Ariely)

Schöne neue Arbeitswelt

O. K., sinnlose und monotone Arbeit macht keinen Spaß, und irgendwann ist der Zahltag auch kein ausreichendes Schmerzensgeld mehr. Wirkt sich aber die Arbeit auch auf die Gesundheit aus?

Eine sehr umfangreiche Studienreihe untersuchte zweimal die britischen Beamten. Dabei konnte man einen direkten Zusammenhang zwischen dem Platz in der Arbeitshierarchie und dem Gesundheitszustand feststellen. Wer jetzt reflexartig schlussfolgert, dass natürlich die Chefs ganz oben auf der Karriereleiter den meisten Druck erleben, und daher prädestiniert für Herzinfarkte und Schlaganfälle sind, wird überrascht sein. Es stimmt: Der Druck oben dürfte enorm sein, doch die schlechteste Gesundheit fand sich auf einer anderen Stufe der Karriereleiter. Unten.

Die Lebenserwartung eines Menschen ist geringer, je niedriger sein Rang oder Status ist. Beamte der unteren Ebene sterben im Beobachtungszeitraum dreimal häufiger als leitende Beamte. Oben sind Herzinfarkte dreimal seltener als unten. Depressionen sind häufiger, je weiter unten man sich auf der Hierarchieleiter befindet. Ein geringer Status steigert nicht nur das Risiko von Herzerkrankungen, sondern auch für bestimmte Formen von Krebs, Lungen- und Magen-Darm-Erkrankungen.

Aber woran liegen diese vielleicht kontraintuitiven Ergebnisse? Menschen, die unten auf der sozialen Leiter stehen, haben kaum oder gar keine Kontrolle über ihre Arbeit. Sie erleben deshalb auch kaum Selbstwirksamkeit. Dieses ungewöhnliche Wort bezeichnet die wichtige Erfahrung des Menschen, dass unser Leben einen Sinn und wir selbst eine Wirkung haben, etwas verändern können.

„Der schlimmste Stress für Menschen ist nicht, viel Verantwortung tragen zu müssen. Es ist, eine Arbeit zu ertragen, (die) monoton, langweilig, seelenzerstörend ist; (wo) sie ein wenig sterben, wenn sie jeden Tag zur Arbeit kommen, weil ihre Arbeit keinen Teil von ihnen berührt, der sie selbst sind." (Michael Marmot)

Wo finden wir den protopischen Sinn?

Eine Reihe von Studien und Umfragen ergeben, dass Geld bei gut oder sehr gut bezahlten Berufen selten eine Hauptmotivationsquelle bildet. Der Sinn der Arbeit sowie die Beziehung zu den Kollegen und die Anerkennung stehen stattdessen ganz oben und haben eine direkte Auswirkung auf die Zufriedenheit der Angestellten.

Bei der Bedeutung des Gehalts für die eigene Motivation finden wir einmal mehr eine massive Fehleinschätzung unserer Mitmenschen. Während nur 22 Prozent für sich selbst Geld als entscheidend ansehen, sind deutlich mehr davon überzeugt, dies sei bei den Kollegen anders. Je weiter eine andere Person sozial von uns entfernt ist, desto überzeugter sind wir, sie sei extrinsisch motiviert. Ein Wissenschaftler spricht daher von „extrinsischer Motivationsverzerrung".

Sinn ist für den Menschen ein Lebenselixier. Und übrigens auch ein Erfolgsgeheimnis von IKEA (neben der Steuervermeidung): Es ist anstrengend und mit Fehlschlägen verbunden, ein IKEA-Möbelstück zu bauen. Aber am Ende sind wir stolz auf „unser" Bücherregal!

„Drei Arbeiter zerschlagen Steine auf einer Baustelle.
Ein Passant fragt sie, was sie tun. Der erste antwortet: ‚Ich verdiene mein Geld'; der zweite: ‚Ich hacke einen Stein'; der dritte: ‚Ich baue eine Kathedrale'."
(Jacques Lecomte)

Sinnlose Arbeit

Sinnlose Arbeit ist leider kein Randphänomen. In einer weltweiten Studie wurden Millionen Angestellte befragt, um herauszufinden, wie viele Menschen einen Sinn in ihrer Arbeit finden.

Was denkst Du?

Nur 13 Prozent erklären, dass sie sich bei der Arbeit „engagiert" fühlen. Fast zwei Drittel hingegen bezeichnen sich als „aktiv unengagiert", beziehungsweise empfinden, dass sie „durch ihren Arbeitstag schlafwandeln und Zeit investieren, aber keine Energie oder Leidenschaft in ihre Arbeit". 179

„Wenn ich am Montag zur Arbeit gekommen wäre und das Gebäude wäre verschwunden, wäre es nicht nur der Gesellschaft egal, sondern auch mir." (Finn)

Fragt man Briten, ob ihre Arbeit einen sinnvollen Beitrag zur Welt leiste, verneinen dies... mehr als ein Drittel! In den Niederlanden sind 40 Prozent der Menschen überzeugt, es gebe eigentlich keinen stichhaltigen Grund dafür, dass ihr Beruf existiere. In den USA meinen die Hälfte aller Angestellten, ihre Arbeit habe „keinen Sinn und keine Relevanz". Ebenso viele können sich nicht mit der Zielsetzung ihres Unternehmens identifizieren.

„Wir müssen uns nicht nur fragen, warum ein so großer Anteil unserer Arbeitskräfte sich mit Tätigkeiten herumschlägt, die sie selbst für sinnlos halten, sondern wir müssen auch der Frage nachgehen, warum so viele Menschen diesen Zustand für normal, unvermeidlich oder sogar wünschenswert halten." (David Graeber)

Willkommen bei den Bullshit-Jobs!

Der Anthropologe David Graeber hat für dieses Phänomen eine passende Bezeichnung gefunden:

„Ein Bullshit-Job ist eine Form der bezahlten Anstellung, die so vollkommen sinnlos, unnötig oder gefährlich ist, dass selbst derjenige, der sie ausführt, ihre Existenz nicht rechtfertigen kann, obwohl er sich im Rahmen der Beschäftigungsbedingungen verpflichtet fühlt, so zu tun, als sei dies nicht der Fall." (David Graeber)

Ein ganz zentrales Problem der Bullshit-Jobs ist die fehlende Selbstwirksamkeit. Und wie wir gesehen haben, macht fehlende Selbstwirksamkeit krank.

Nach Graeber muss man Bullshit-Jobs, die durchaus wunderbar bezahlt sein können, scharf von „Scheißjobs" trennen, die für die Gesellschaft eindeutig von Nutzen, aber dennoch schlecht bezahlt sind. Übrigens: Willst Du wissen, welche Berufe für die Gesellschaft am wertvollsten sind? Also welche Berufe für die Gesellschaft die höchsten Gewinne im Vergleich zu den Kosten erzielen, die sie verursachen? Lass Dich überraschen und mach eine kleine Kaffeepause beim QR-Code!

Bullshit-Jobs gibt es übrigens nicht nur unter Beamten, sondern mindestens ebenso häufig in der Privatwirtschaft. Erstaunlicherweise führt das Massenphänomen der Bullshit-Jobs aber zu keinem grundsätzlichen Umdenken. Im Gegenteil.

„Unsere Gesellschaft ist aber so weit gekommen, dass der gesellschaftliche Wert einer Arbeit nicht nur in der Regel umgekehrt proportional zu ihrem wirtschaftlichen Wert ist (je mehr eine Arbeit anderen nützt, desto schlechter wird sie bezahlt), sondern viele Menschen haben sich auch damit abgefunden, dass diese Situation moralisch richtig ist – sie glauben wirklich, dass es so sein sollte." (David Graeber)

Fazit Teil 6: Motivation und Anreize

Motiviert für einen Blick zurück auf unsere letzte Wegstrecke?

- Der Mensch ist von Natur aus definitiv nicht faul. Warum Menschen in unserer Gesellschaft antriebslos werden, ist eine andere Frage.
- Geld hat bedenkliche Nebenwirkungen. Wenn man Menschen auch nur flüchtig an Geld erinnert, werden sie egoistischer.
- Der Mensch ist intrinsisch zu mitmenschlichem Verhalten motiviert. Belohnungen können die Bereitschaft dazu aber oft verringern oder sogar korrumpieren, sodass er nur noch hilft, wenn er dafür belohnt wird.
- Sinn ist eine wichtige Motivationsquelle für unsere Arbeit. Die Bedeutung der Bezahlung wird oft überschätzt. Sogenannte Bullshit-Jobs, die keine sinnvolle Arbeit bieten, werden zunehmend zu einem gesamtgesellschaftlichen Problem.
- Sinnlose Arbeit und fehlende Selbstwirksamkeit sind dabei auch eine Gefahr für unsere Gesundheit.

„Die intrinsische Motivation – das selbstbestimmte Interesse – muss im Mittelpunkt jeder Utopie stehen." (Richard David Precht)

Teil 7: Moderne Welt

Was kann das Wissen über die Natur des Menschen zu Fragen unserer modernen Welt beisteuern? Lass uns ein paar wichtige Phänomene der Gegenwart unter die Lupe nehmen!

„Der moderne Mensch wird in einem Tätigkeitstaumel gehalten, damit er nicht zum Nachdenken über den Sinn seines Lebens und der Welt kommt." (Albert Schweitzer)

„Die Eigenschaft, die ich am liebsten verstärken würde, ist die Empathie. Sie bringt uns in einem friedlichen, liebevollen Zustand zusammen." (Stephen Hawking)

Haben Einkommen und Vermögen Einfluss auf unser Mitgefühl?

Reichere Menschen haben durchschnittlich weniger Mitgefühl.

Eine Reihe durchaus witziger Experimente findet die Antwort auf die Fragestellung unseres Kapitels. Erstes Beispiel: Studenten spielen Monopoly mit ungleichen Startbedingungen. Ein Spieler hat doppelt so viel Kapital und darf mit zwei Würfeln spielen, während sein Gegenüber nur die Hälfte des Geldes bekommen hat und nur einen Würfel benutzen kann. Die ungleiche Ausgangslage ist beiden Spielern völlig klar, und man muss kein Genie sein, um zu prophezeien, wer normalerweise das meiste Geld scheffeln und den anderen Spieler in den Bankrott treiben wird. Bemerkenswerterweise benehmen sich die reicheren Spieler arroganter und sind nach Spielende fast immer unbeirrbar in ihrer Überzeugung, dass sie den Sieg durch ihre brillante Taktik verdient haben.

Zweites Beispiel: Menschen dürfen Autos unterschiedlicher Preisklassen fahren. Dabei zeigt sich ein direkter Zusammenhang zwischen dem Statussymbol des Autos und der Fahrweise der Menschen. Je teurer und angesehener das Auto, desto rücksichtsloser der Fahrstil. Es reicht also nur das Gefühl, reich zu sein, um seine Empathie einzuschläfern. (In einem TED-Talk findest Du übrigens auch Fotos und Videos dieser Experimente → QR-Code.)

Der Geldbeutel bestimmt unser Mitgefühl

Eine Reihe weiterer Experimente zeigt die generell destruktiven Folgen des Reichtums auf unsere prosozialen Fähigkeiten. Reichere Menschen sind deutlich weniger in der Lage, die Gefühle ihrer Mitmenschen zu lesen. Sie zeigen zudem weniger Mitgefühl. Auch körperlich berührt sie das Leiden anderer Menschen weniger stark. Sie verhalten sich eher unethisch. Reiche spenden weniger bereitwillig als Menschen, die weniger auf der hohen Kante haben. (Prozentual geben übrigens Arme am meisten!) Und sie haben generell eher eine Tendenz zum Egoismus.

„Über die ganze Breite des sozioökonomischen Spektrums zeigte sich im Durchschnitt, dass die Versuchsteilnehmer weniger Mitgefühl für Menschen in Not erkennen ließen und hartherziger handelten, je wohlhabender sie waren."
(Robert Sapolsky)

Wenn man genauer darüber nachdenkt, sind diese alarmierenden Ergebnisse aber nicht überraschend. Denn in einer kapitalistischen Welt, die durch starke Konkurrenz bestimmt ist (denn natürlich kann nicht jeder den amerikanischen Traum leben), bildet es ein Erfolgsrezept, weniger Mitgefühl mit den Losern zu haben, die auf der Strecke bleiben. Kein Wunder auch: Reichere Menschen sind viel eher davon überzeugt, in einer Meritokratie zu leben, in der also Erfolgreiche ihren Wohlstand zu Recht verdient haben. Zudem sehen Reiche Gier eher als etwas Gutes. Denn „It's the economy, stupid!"

Aber es gibt auch eine gute Nachricht: Nur 46 Sekunden eines Films über Kinder in Armut reichen aus, damit Reiche sich anschließend ebenso hilfsbereit verhalten wie Arme. Reichtum verdrängt also prosoziale Fähigkeiten, aber er kann sie nicht vollends zerstören!

Es gibt Hinweise, dass generell das Ausmaß der Ungleichheit eines Landes darüber bestimmt, wie ausgeprägt negative Verhaltensweisen sich bei reicheren Menschen zeigen, und dass diese Unterschiede nicht in egalitären Gesellschaften zu finden sind. Grund genug, einen Abstecher zur Ungleichheit zu machen, falls Du noch nicht dort gewesen bist (→ QR-Code auf S. 79).

„Es scheint so zu sein, dass es die Ungleichheit selbst ist, die das Klima schafft, in dem sich reichere Menschen mit höherem Status schlecht verhalten, und nicht irgendeine angeborene Eigenschaft."
(Richard Wilkinson und Kate Pickett)

Protopische Erkenntnis

Reiche Menschen sind im Schnitt weniger mitfühlend als arme. Zudem ist ihre Fähigkeit, die Gefühle ihrer Mitmenschen zu lesen, schwächer.

Hat eine harte Erziehung – zum Beispiel Ohrfeigen – Einfluss auf die Entwicklung der Kinder?

Gewalt hat einen negativen Einfluss auf die Entwicklung des Kindes.

Seit einigen Jahren wird die strenge Erziehung wieder populärer. Das sogenannte „Spanking" ist ein wichtiger Erziehungsrat der Stunde. Dieser Begriff kann vom leichten Klaps bis hin zur Prügel alles umfassen. In den USA befürworten 84 Prozent das Spanking und ein Drittel der Eltern hat im vergangenen Monat sein Kind gespankt. In Deutschland sind immerhin ein gutes Drittel für das Spanking.

Eine weitere sehr populäre Erziehungsmethode ist die „Auszeit" und der „Liebesentzug". Eltern sollen eine Zeit lang einfach konsequent nicht mehr auf ihr Kind reagieren oder sich räumlich von ihm trennen, wenn der Rotzlöffel sich falsch verhalten hat. Mit einigem Recht darf man das als Rat zum Einsatz von psychischer Gewalt in der Erziehung verstehen. (Erinnerst Du Dich an das Still-face-Experiment auf S. 36?)

Traurige Vorstellungen

Diese Erziehungsmethoden basieren auf einer bedenklichen Grundannahme über die Natur des Menschen: Der Mensch sei von Natur aus zutiefst egoistisch. Ziel der Erziehung müsse deshalb sein, das Kind, das seinen eigenen Willen durchsetzen und immer seine Grenzen austesten will, zu disziplinieren, zum Gehorsam zu zwingen und seinen Willen zu brechen, um es so zu zivilisieren. Der Pädagoge Bernhard Bueb ist beispielsweise überzeugt: „Als einziges Mittel, sich der Macht und der Autorität der Eltern zu erwehren, setzen Babys das Schreien ein" und „Erziehung ist nur erfolgreich, wenn sie die zum Egoismus neigende menschliche Natur gegen den Strich bürstet".

Eine zweite Grundannahme formuliert die Entwicklungspsychologin Diana Baumrind: „Die Regel der Gegenseitigkeit, der Zahlung für einen empfangenen Wert, gilt für uns alle." Die Liebe der Eltern soll deshalb an Bedingungen geknüpft sein und vom Kind erst einmal verdient werden. Die extrinsische Motivation lässt grüßen!

Geschlagener Körper, geschlagene Seele

Diese negative Sicht auf die menschliche Natur ist generell stark verbunden mit einem konservativen Erziehungsstil. Leider verlangsamt die harte Hand der Eltern aber nachweislich die Entwicklung der Wahrnehmungs- und Denkfähigkeit des Kindes. Oder wissenschaftlich ausgedrückt: die kognitive Entwicklung. Eine aufwendige Langzeitstudie untersuchte den Zusammenhang zwischen körperlichen Strafen und der Entwicklung des Kindes. Das Ergebnis ist desaströs: Je häufiger den Eltern die Hand „ausrutscht", desto langsamer verläuft die kognitive Entwicklung des Kindes.

Die harte Erziehung erreicht auch genau das Gegenteil der angestrebten Wirkung. Sie verursacht beim Kind chronischen Zorn, Unmut und Angst. Prügelstrafen bewirken Ungehorsam, Streitsucht und Aggression. Menschen, die als Kind geschlagen wurden, werden später häufiger durch Gewalttaten straffällig. Das Ausmaß antisozialen Verhaltens steht auch in direktem Zusammenhang mit körperlichen Strafen.

Dieser Erziehungsstil führt auch eher dazu, Empathie und Hilfsbereitschaft des Kindes zu senken und seine Sozialkompetenz zu schwächen. Und last, but not least: Kinder interessieren sich nach einer Ohrfeige weniger für die von den Eltern gestellten Forderungen. Liebe Eltern: Thema und Ziel verfehlt. Sechs. Setzen!

Das musst Du Dir erst verdienen!

Die Überzeugung, dass Kinder die Liebe ihrer Eltern erst verdienen müssen, scheint natürlich zu sein, denn sie ist die Entsprechung des Konzepts wirtschaftlicher Transaktionen im Kapitalismus. Studien haben die Auswirkungen von Elternliebe überprüft, die an Bedingungen geknüpft ist. Das Ergebnis: „Positive Anerkennung, die an Bedingungen geknüpft war, förderte die Entwicklung eines fragilen, bedingten (...) und instabilen Selbstwertgefühls."

Die grundlegende Frage lautet hier: Was ist Liebe? Was ist wirkliche Liebe? Wie möchtest Du selbst geliebt werden? Wünschst Du Dir eine Liebe, die an Bedingungen geknüpft ist? Jeden Morgen aufwachen und unsicher sein, ob Du dieser Liebe noch wert bist? Immer die eigene Performance optimieren müssen? Oder einfach bedingungslos geliebt werden, weil es Dich gibt?

„Die bedingungslose Liebe entspricht einer der tiefsten Sehnsüchte nicht nur des Kindes, sondern jedes menschlichen Wesens; andererseits erweckt die Tatsache, des eigenen Verdienstes wegen geliebt zu werden, immer irgendwelchen Zweifel. Vielleicht habe ich der Person, die mich lieben soll, keine Freude gemacht, vielleicht ist dieses oder jenes passiert – jedenfalls besteht immer die Angst, daß die Liebe wieder vergehen könnte." (Erich Fromm)

Vom Mythos des egoistischen Säuglings

Die andere fatale Fehlannahme: Das Baby sei von Natur aus egoistisch. Das Problem: Ein Baby kann von Natur aus überhaupt nicht egoistisch sein! Denn ein Baby kann nicht einmal eine Vorstellung vom eigenen Ego haben. Dem Baby fehlt schlicht das Bewusstsein seiner selbst, um überhaupt egoistisch sein zu können.

„Es ist (…) sinnlos, ein Baby zu „disziplinieren" oder von ihm zu erwarten, dass es sein Verhalten kontrolliert, da die Gehirnkapazität dazu noch nicht vorhanden ist. Ein Baby kann nicht über die Frustration seiner Mutter nachdenken und beschließen, aufzuessen, um sie bei Laune zu halten."
(Sue Gerhardt)

Bis ein Kleinkind ein eigenes Bewusstsein seiner selbst, ein „Ich", hat und theoretisch versuchen könnte, den armen Eltern seine egoistischen Wünsche aufzuzwingen und seinen Willen durchzusetzen, erlebt das Baby sich als ein „Wir" und nicht als eigenständiger Mensch.

Die harte und strenge Erziehung kann daher kaum der Weisheit letzter Schluss sein. Vielleicht sollte man sich an eine andere Erkenntnis erinnern:

„Man kann in Kinder nichts hineinprügeln, aber vieles herausstreicheln."
(Astrid Lindgren)

Wenn Du neugierig bist, wie eine Erziehung aussehen könnte, die eher versucht, der Natur des Menschen zu entsprechen, dann auf zum QR-Code!

Protopische Erkenntnis

Körperliche und psychische Strafen schaden Leib und Seele und haben viele negative Konsequenzen. Die Überzeugung, ein Baby sei von Natur aus egoistisch und ein Kind müsse sich die Liebe der Eltern erst verdienen, basiert auf sehr fragwürdigen Gewissheiten über unsere Natur.

„Ein wenig mehr Menschlichkeit ist viel mehr wert als alle Vorschriften der Welt." (Jean Piaget)

Welche Fähigkeiten sind besonders wichtig, um ein guter Chef zu sein?

Mitmenschlichkeit und Sachkompetenz machen einen erfolgreichen Chef aus.

Im Kult der Unternehmensgurus wie Jeff Bezos, Mark Zuckerberg und Elon Musk drängt sich die Überzeugung auf, dass natürlich die kompromisslose Vision, die knallharte Ellbogenstärke und der unerschütterliche Glaube an das eigene Ego die notwendigen Qualitäten für einen erfolgreichen Unternehmenschef sein müssen.

Ein neugieriger Blick in die heutigen Chefetagen bestätigt scheinbar diesen Eindruck. Wissenschaftler haben die Persönlichkeit von Führungskräften untersucht. Mehr als zwei Drittel zeichnen sich durch ein unersättliches Ego aus. Danach gefragt, welche Worte sie mit ihrer Position in Verbindung bringen, antwortet die deutliche Mehrheit: Führung, Chef, Dirigent, Entscheider. Begriffe wie „Mitarbeiter" und „Kollegen" sucht man vergebens. Kindness is for losers (deutsch: Freundlichkeit ist für Verlierer)!

Widersprüchliche Wünsche

Unternehmensleitungen und Arbeitnehmer haben extrem unterschiedliche Vorstellungen, was einen guten Chef ausmacht. In einer Untersuchung legen Unternehmen bei einem Chef den größten Wert auf Intellekt, klares Denken und Tatkraft. Prosoziale Fähigkeiten landen bei der Wunschliste auf dem letzten Platz. Genau in der entgegengesetzten Reihenfolge ist die Wunschliste der Angestellte für einen guten Chef: Prosoziale Fähigkeiten sind am wichtigsten. Übrigens: Wenn Mitarbeiter vor die Wahl gestellt werden, sich zwischen einer Gehaltserhöhung und einem besseren Chef zu entscheiden, dann bevorzugen zwei Drittel einen besseren Chef!

Ein konkreter Blick in die Flure der Unternehmensmacht offenbart eine Überraschung der ganz besonderen Art: In hochkompetitiven Firmen ist der Anteil an Psychopathen dreimal so hoch wie in der normalen Gesellschaft. An der Spitze der Berufe, in denen sich Psychopathen am häufigsten finden, stehen Firmendirektoren und Rechtsanwälte. Jeder fünfte Unternehmensführer zeigt ein sehr hohes Niveau an psychopathischen Eigenschaften.

Eine detaillierte Untersuchung von 39 Vorstandsvorsitzenden großer britischer Unternehmen kommt auch zu einem wenig schmeichelhaften Schluss: Die „Manager zeigen hohe Anzeichen von psychischen Störungen, vor allem mit psychopathischen Erscheinungsformen". Ein ähnlich hohes Niveau findet man sonst nur in... Gefängnissen! (Finanztrader agieren übrigens noch egoistischer und risikobereiter als Psychopathen.)

Die Besonderheit von Menschen in Machtpositionen kann man aber nicht wirklich verstehen, wenn man das sogenannte „Macht-Paradox" nicht kennt. Wenn Du es kennenlernen möchtest, nutze die Macht des QR-Codes auf der rechten Seite!

Schlechte Bilanzen

O. K., solange es nicht einem blühenden Aktienkurs schadet, wo ist das Problem? Na ja. Es gibt ein kleines: Untersuchungen zeigen, dass Chefs, die Egomanen mit Killerqualitäten und Alphamännchen-Attitüde sind, eher schlechte Unternehmensergebnisse erzielen.

Erfolgreiche Unternehmenschefs sind oft das genaue Gegenteil des überdimensionierten Ich-lings. Es sind eher die unauffälligen Menschen, die häufig gar nicht an die Spitze wollen, und kein Interesse daran haben, sich selbst zu beweisen. Erfolgreiche Chefs sind auch eher bescheidene Menschen.

Menschliche Anführer

Wenden wir uns einmal den Millionen Jahren der menschlichen Geschichte zu. Forscher fanden bei einer aufwendigen Metaanalyse heraus, welche Fähigkeiten ein Mensch in Jäger-und-Sammler-Gesellschaften haben musste, um von der Gruppe zum Anführer ausgewählt zu werden: Großzügigkeit, Nettigkeit, Tapferkeit, Charisma, eine unparteiische Perspektive, Offenheit, Zuverlässigkeit, Ruhe, Stärke, Enthusiasmus, Bescheidenheit. Also genau die Fähigkeiten, die auch heute ein erfolgreicher Chef haben sollte!

„Gruppen zeigen eine instinktive Tendenz, die Macht denjenigen zu überlassen, die den größten Nutzen und den geringsten Schaden für den Einzelnen bringen, denjenigen, die das größere Wohl fördern."
(Dacher Keltner)

Protopische Erkenntnis

In der langen Menschheitsgeschichte wurde bei der Wahl des Chefs besonders auf seine Mitmenschlichkeit Wert gelegt. Auch heute sind besonders mitmenschliche Chefs erfolgreich. Trotzdem sind wir überzeugt, erbarmungslose Ellbogen seien Pflichtprogramm. Also: Back to the roots!

Checkst Du gerade Dein Handy, während Du hier liest? Wie gut ist Deine Begabung für Multitasking? Arbeitest Du gerne parallel mit einem zweiten und dritten Bildschirm? Dann mal nebenher eine ganz einfache Frage an Dich:

Erhöht Multitasking die Effizienz der Arbeit?

Normalerweise reduziert Multitasking Leistung und Wohlbefinden.

Multitasking fühlt sich gut an und macht Spaß. Multitasking ist inzwischen ohne Frage die Norm und bestimmt bewusst oder unbewusst das Leben der meisten Menschen. Und Multitasking scheint eine Erfolgsgeschichte zu sein: Junge Menschen können ganze 8,5 Stunden Mediennutzung in nur 6,5 Stunden packen. Eine ansehnliche Effizienz und ein Beweis für die Produktivität eines begabten Multitaskers. Oder?

Dopamin-Kicks

Alles beginnt mit einer Illusion.

„Wenn wir denken, dass wir Multitasking betreiben, wechseln wir in Wirklichkeit schnell von einer Aufgabe zur anderen. Wir nehmen diese Verschiebung der Aufmerksamkeit nicht wahr und glauben daher, dass wir uns tatsächlich auf zwei Dinge gleichzeitig konzentrieren können." (Celeste Headlee)

Das Besondere: Das Hin- und Herspringen zwischen verschiedenen Aufgaben wird jedes Mal mit einem kleinen Dopamin-Ausstoß belohnt. Das Gehirn verliert deshalb den Fokus auf seine aktuelle Aufgabe, denn es sehnt sich vor allem nach dem nächsten Dopamin-Kick, der mit dem nächsten Wechsel auch kommt.

„Menschen, die chronisch Multitasking betreiben, trainieren ihr Gehirn darauf, nach Multitasking zu verlangen. Diejenigen, die am häufigsten Multitasking betreiben, werden nicht besser darin, sie wollen einfach mehr davon." (Sherry Turkle)

Entsprechend unangenehm fühlt sich Ruhe an (Multitasking ist das genaue Gegenteil von Meditation). Ein Jugendlicher erklärt: „Ich langweile mich, wenn nicht alles gleichzeitig geschieht, denn alles enthält Pausen. Man wartet, bis eine Webseite sich öffnet oder bis die Fernsehwerbung vorbei ist."

Ein zentrales Problem: So produktiv Multitasking auf den ersten Blick auch wirkt, so zerfranst, unkonzentriert und oberflächlich ist die Arbeit eines Multitaskers auf den zweiten Blick. Gegenwärtig ist ein Büroarbeiter durchschnittlich drei Minuten auf eine Aufgabe fokussiert (Studenten wechseln sogar alle 45 Sekunden den Fokus). Und wie lange brauchen wir nach einer Unterbrechung (beispielsweise um eine Mail oder eine Textnachricht zu lesen), bis wir wieder so konzentriert auf unsere Aufgabe sind wie zuvor? Vier Minuten. Effizienz sieht anders aus!

Ein Blick auf die eigentlichen Leistungen der Multitasker beweist, dass ihre Produktivität schlicht ein hipper Mythos aus Silicon Valley ist. Der Anteil der Menschen, die mit jeder weiteren Aufgabe beim Multitasking schlechter werden, beläuft sich auf (Trommelwirbel)… 98 bis 99 Prozent! Und sie werden sogar auch im Multitasking selbst schlechter, je öfter sie es machen. Nicht zuletzt: Multitasking macht uns weniger produktiv. Wir brauchen länger für eine Aufgabe. Kein Wunder, denn Multitasker sind leichter ablenkbar.

Effektive Selbstsabotage: Wenn wir an einer Aufgabe arbeiten und parallel immer wieder unsere Mails checken, sinken unsere Leistungen um 20 bis 30 Prozent. Wir verlieren satte 10 Punkte unseres Intelligenzquotienten. Unser Gehirn ist also so benebelt wie bei einem heftigen Besäufnis.

„Wenn wir glauben, dass wir Multitasking betreiben, schaltet unser Gehirn in Wirklichkeit schnell von einer Sache zur nächsten, und unsere Leistung nimmt mit jeder neuen Aufgabe, die wir hinzufügen, ab. Multitasking verschafft uns ein neurochemisches Hochgefühl, sodass wir glauben, immer besser zu werden, während wir in Wirklichkeit immer schlechter abschneiden." (Sherry Turkle)

Überforderter Türsteher

Stell Dir Dein Gehirn als einen wunderbaren Club vor. Draußen steht der Türsteher, um zu garantieren, dass nur die Menschen in den Club kommen, die tanzen und Spaß haben und nicht das Interieur in Kleinholz verwandeln wollen. Der Türsteher ist für Dein Gehirn entscheidend: Er filtert Straßengeräusche, das streitende Ehepaar am Nebentisch, die vorbeifahrende Ambulanz, damit Du Deine Aufmerksamkeit dorthin richten kannst, wohin Du möchtest.

Heute aber ist unser Türsteher durch Multitasking und einen Overkill an Informationen völlig überfordert, ungebetene Gäste dringen in unser Gehirn ein und bringen unsere Aufmerksamkeit durcheinander. Die Aufmerksamkeitsspanne eines Menschen lag im Jahr 2004 bei durchschnittlich drei Minuten. Acht Jahre später bei einer Minute und fünfzehn Sekunden. Im Jahr 2014 bei unter einer Minute…

Unsere Aufmerksamkeit ist eine der wichtigsten Fähigkeiten für unser Zusammenleben. (Wenn Du traurig bist, gibt es nichts Wichtigeres, als einen wohlmeinenden Menschen, der Dir Aufmerksamkeit schenkt.) Eine Konsequenz: Multitasking senkt auch generell unsere Fähigkeit, die Gefühle unserer Mitmenschen zu lesen. Denn das erfordert Aufmerksamkeit. Multitasking hat auch weitere Nebenwirkungen: Es belastet unsere Seele und steigert das Risiko von Depressionen sowie Angststörungen.

Der Grund für all diese Probleme mit dem Multitasking liegt schlicht darin, dass der Mensch von Natur aus nicht dafür gemacht ist. Kein Wunder:

„Der Begriff ‚Multitasking' war eigentlich nie für Menschen gedacht. Er wurde ursprünglich verwendet, um einen Computer zu beschreiben, der mehrere Programme gleichzeitig ausführt. Aber das menschliche Gehirn funktioniert nicht wie ein Computerbetriebssystem." (Celeste Headlee)

Lust auf eine protopische Übung? Versuche einen Tag lang, möglichst komplett auf Multitasking zu verzichten. Wie erlebst Du den Tag?

Kommen wir nun wieder zu etwas Positivem: Was ist ein in gewisser Hinsicht vergleichbares Konzept zum Multitasking, das eher der Natur des Menschen entspricht?

„Freude, Kreativität und der Prozess der totalen Hingabe an das Leben nenne ich Flow." (Mihal Csikszentmihalyi)

Falls Deine Neugierde für einen Flug in das Sphären des „Flows" geweckt ist, dann steig ein und reise mithilfe des QR-Codes!

Protopische Erkenntnis

Multitasking senkt die Produktivität und unser Wohlbefinden. Zugleich wirkt es wie eine Droge auf unser Gehirn und zersetzt damit unsere Aufmerksamkeit, die für unser Zusammenleben so wichtig ist.

Eine alltägliche Situation: Zwei Menschen sprechen miteinander. Auf dem Tisch liegt ein Smartphone.

Verändert ein sichtbares Handy, wie wir miteinander sprechen?

Menschen fühlen sich weniger miteinander verbunden, wenn ein Handy zu sehen ist. Das Gespräch wird oberflächlicher.

Das Smartphone verbindet uns mit allen Menschen. Dank des Handys werden wir quasi zu verbesserten Menschen, eine Art Cyborg der ersten Generation. Willkommen in der Welt der Smombies (Smartphone + Zombie)!

Am Anfang steht ein Märchen:

„Unsere mobilen Geräte scheinen drei Wünsche zu erfüllen, als wären sie Geschenke eines wohlmeinenden Geistes: Erstens, dass wir immer gehört werden. Zweitens, dass wir unsere Aufmerksamkeit dorthin lenken können, wo wir sie haben wollen. Und drittens, dass wir nie allein sein müssen. Und die Gewährung dieser drei Wünsche impliziert eine weitere Belohnung: dass wir uns nie langweilen müssen." (Sherry Turkle)

Unser Handy ist allgegenwärtig. Der durchschnittliche US-Amerikaner checkt alle sechseinhalb Minuten sein Smartphone. Fast die Hälfte aller Menschen schaltet ihr Handy niemals aus. Viele Menschen schenken am Morgen nicht ihrer Partnerin oder ihrem Partner, sondern dem Handy ihre erste Aufmerksamkeit. Und das Smartphone ist oft das Letzte am Ende eines langen Tages, das wir streicheln. Pardon swipen!

Leider ist unser ewig präsentes Handy nicht ohne Nebenwirkungen: 40 Prozent der Menschen sind vermutlich von ihrem Handy abhängig. Sie sind „verstört und traurig", wenn sie Anrufe verpassen. Müssen sie das Handy abschalten, „führt das zu Besorgnis, Reizbarkeit, Schlafstörungen oder Schlaflosigkeit" und sogar zu „Zittern und Verdauungsproblemen". Der Grund ist FOMO („Fear of missing out", deutsch: Angst, etwas zu verpassen).

Kaum zu glauben: Jeder dritte Millennial würde lieber auf Sex verzichten, anstatt sein Handy abgeben zu müssen. Und jeder Zehnte dieser Generation würde lieber einen Finger verlieren, als dem geliebten Handy zu entsagen.

Unsere Beziehung zum Handy

Vorab eine überraschende Beobachtung: Menschen, die Smartphones bei sich tragen, lächeln ihre Mitmenschen deutlich weniger an. (Denk bei Gelegenheit vielleicht mal darüber nach, weshalb das so ist.) Und wenn ein Handy auf dem Tisch zwischen zwei Gesprächspartnern liegt? Dann fühlen sich beide weniger miteinander verbunden. Warum? Weil das Gespräch jeden Moment unterbrochen werden kann, sodass wir lieber über leichte Themen sprechen und nicht vertrauensvoll unser Herz öffnen. Das Handy blockiert unsere Empathie füreinander, da wir einander nicht unsere volle Aufmerksamkeit schenken können, und auch immer an alle Menschen denken, die sich vielleicht gleich melden, oder uns immer noch nicht kontaktiert haben. Generell gilt: So wunderbar uns das Handy mit abwesenden Menschen zu verbinden vermag, so sehr behindert es die Verbundenheit mit anwesenden Menschen.

Auch Paare, bei denen ein Smartphone auf dem Tisch liegt, fühlen sich weniger miteinander verbunden. Je intimer ihre Beziehung, desto größer ist sogar der Schaden durch die Anwesenheit eines Handys.

Wie sehr das kostbare menschliche Gut unserer Aufmerksamkeit vom Aussterben bedroht ist, zeigt nicht nur der rasante Rückgang unserer Aufmerksamkeitsspanne, sondern auch eine simple Studie: Menschen, die ausdrücklich darum gebeten wurden, dem Inhalt einer Geschichte ihre volle Aufmerksamkeit zu widmen, können anschließend im Schnitt nur die Hälfte des Gehörten wiedergeben. Die Hälfte ist durch das Sieb unserer fehlenden Aufmerksamkeit gerutscht!

Die Begegnungsverhinderungsmaschine

Das Smartphone belastet unsere Beziehungen noch auf eine andere Art: Es verhindert Begegnungen (und Begegnungen haben ja protopisches Potenzial!). Bereits im Jahr 2015 gaben Jugendliche in den USA als Hauptgrund für ihre Handynutzung an: Vermeidung von Langeweile und Vermeidung von Menschen. Das Smartphone reduziert nicht nur die Begegnung mit realen Menschen, sondern auch drei Viertel aller Menschen zwischen 18 und 34 Jahren schreiben lieber Textnachrichten als miteinander zu telefonieren. Immer mehr Paare und Familien lösen private Probleme nicht im direkten und persönlichen Gespräch, sondern über den Bildschirm. Dabei geht etwas Wichtiges, Menschliches verloren.

„Es war schon immer schwer, sich hinzusetzen und zu sagen, dass es einem leidtut, wenn man einen Fehler gemacht hat. Jetzt haben wir Alternativen, die wir weniger stressig finden: Wir können ein Foto mit einem Kommentar schicken, oder wir können eine SMS oder E-Mail schicken. Wir müssen uns nicht mehr gegenseitig entschuldigen, sondern können einfach tippen: ‚Es tut mir leid.' Und drücken auf Senden. Aber von Angesicht zu Angesicht kann man sehen, dass man die andere Person verletzt hat. Die andere Person kann sehen, dass Sie verärgert sind. Es ist diese Erkenntnis, die den Beginn der Vergebung auslöst." (Sherry Turkle)

Auch in Unternehmen werden immer mehr Fragen über endlose Mails diskutiert, anstatt einfach das Gespräch im benachbarten Büro zu suchen. Was nicht nur menschlicher, sondern auch zeitlich effizienter wäre!

„Das Smartphone ist unsere ständige Affäre. Offen und ungeniert betrügen wir unsere Mitmenschen, und irgendwie haben wir alle gelernt, die Untreue zu akzeptieren. Wir sind anwesend und doch nicht da, zusammen und doch allein." (Noreena Hertz)

In unseren Familien sprechen wir weniger miteinander. Mit gravierenden Auswirkungen. Auch Eltern könnte man das ins Stammbuch schreiben: Gespräche mit den eigenen Kindern sind so wichtig, dass Eltern ihrem Handy mal eine Verschnaufpause gönnen sollten. Der Rückgang der gemeinsamen Gespräche mit ihren Eltern führt bei Kleinkindern zu einer verminderten Sprachfähigkeit. Und je mehr Zeit wir am Bildschirm verbringen, desto größere Schwierigkeiten haben wir, unsere eigenen Gefühle zu artikulieren. Kurz: Wir verlieren unsere Fähigkeit zum menschlichen Austausch. Studenten wünschen sich inzwischen an der Universität sogar zu lernen, wie man ein wirkliches Gespräch führt.

Und nicht zuletzt: Das Handy verringert unsere Fähigkeit, die Gefühle unserer Mitmenschen zu lesen.

„Das Smartphone erscheint letztlich als eine einzige Empathievernichtungsmaschine, weil echtes Mitgefühl erst von Angesicht zu Angesicht entstehen kann, in der ganzheitlichen Wahrnehmung der Person."
(Bernhard Pörksen und Friedemann Schulz von Thun)

Unsere Beziehung zum Mitmenschen

Eine weitere Frage an Dich: Bei welcher Art von Begegnung empfinden Menschen die größte empathische Verbindung? In einer Studie sollen Freunde auf vier Wegen miteinander sprechen: im realen Gespräch, per Videochat, über Telefon oder mit Textnachrichten. Das Ergebnis ist eindeutig: Reale Begegnungen führen zur stärksten empathischen Verbindung, Textnachrichten zur Geringsten.

Einmal mehr erliegen wir einer Illusion, weil uns das Wissen über unsere eigene Natur fehlt: Bei unserem Wunsch nach Verbundenheit verpassen wir genau das, was uns am besten Verbundenheit schenkt: die menschliche Begegnung und das Gespräch.

„Warum verbringen wir so viel Zeit damit, einander Nachrichten zu schicken, wenn wir uns am Ende weniger miteinander verbunden fühlen?" (Sherry Turkle)

Frag Dich mal, warum das gute Stück iPhone heißt und nicht „wePhone"?

Übrigens: Genau die Menschen aus Silicon Valley, die mit ihrer Arbeit unsere Handyabhängigkeit erhöhen und beständig für immer mehr Bildschirmzeit werben, schicken ihre eigenen Kinder lieber auf Schulen, wo Bildschirme grundsätzlich verboten sind. Bill Gates Kinder mussten bis zu ihrem 14. Geburtstag warten, bevor sie ihr erstes Smartphone geschenkt bekommen haben. Bei Steve Jobs herrschte zu Hause Bildschirmverbot. Stattdessen legte er besonderen Wert auf das gemeinsame Gespräch beim Abendessen. Auch eine Idee für Dich?

„Wahre Liebe ist das Fehlen des Verlangens, in Gegenwart eines anderen auf sein Smartphone zu schauen." (Alain de Botton)

Protopische Erkenntnis

Smartphones schaden unserer Aufmerksamkeit und unserer Verbundenheit und reduzieren unsere Empathie.

Verbinden uns soziale Medien? Wie wirken sie sich auf unser Wohlbefinden aus?

Soziale Medien steigern Depressionen und Einsamkeit.

Die Ergebnisse wissenschaftlicher Studien sprechen eine deutliche Sprache:

- Es gibt einen klaren Zusammenhang zwischen der Nutzung sozialer Medien und Depressionen.
- Es gibt einen klaren Zusammenhang mit Einsamkeit.
- Es gibt einen klaren Zusammenhang mit Stress. 41 Prozent der 14- bis 34-Jährigen fühlen sich durch soziale Netzwerke gestresst.

Der Antwortoption: „Ich sehe kaum Möglichkeiten, etwas gegen den Stress durch digitale Medien zu tun" stimmt mehr als die Hälfte zu.

Unsoziale Medien

Der Mensch ist nicht nur ein soziales Wesen, er ist auch ein analoges Wesen. Berührungen sind unser protopischer Zaubertrank. Und Begegnungen im Hier und Jetzt. Daher steht die Anzahl von guten Freunden, die wir im realen Leben treffen, im direkten Zusammenhang mit unserem Wohlbefinden. Je mehr gute Freunde, desto besser fühlen wir uns. Die Anzahl unserer Friends und Followers auf den sozialen Medien hat aber normalerweise keinen Einfluss. Deswegen geht auch ein Mehr an digitalen Kontakten selten mit einem Mehr an erlebter Verbundenheit einher. (Allerdings kann das Internet für Menschen, die ausgegrenzt werden, einen positiven Raum schaffen.)

Schlimmer noch: Menschen, die täglich zwei Stunden im Paralleluniversum unterwegs sind, haben eine doppelt so hohe Wahrscheinlichkeit, an Einsamkeit zu leiden, als Menschen, die nur eine halbe Stunde online waren. Die entscheidende Frage: Verbringen Menschen mehr Zeit in sozialen Medien, weil sie einsam sind, oder werden sie einsam, weil sie so viel Zeit in sozialen Medien unterwegs sind? Bevor wir sie weiter unten beantworten, hier eine mögliche Erklärung: Stunden in den sozialen Medien rauben uns die Zeit, um Menschen im „Real Life" zu treffen und Verbundenheit konkret zu erleben. Konsequenz bereits vor den Lockdowns: Reale Kontakte gingen bei 18- bis 34-Jährigen um fast die Hälfte zurück. US-amerikanische Jugendliche verbrachten bereits in den 2010er-Jahren pro Tag eine Stunde weniger mit Menschen als noch in den 1980ern.

Vielleicht die gravierendste Auswirkung der sozialen Medien: Sie schwächen genau die Fähigkeiten, die den Menschen auszeichnen – seine prosozialen Fähigkeiten, insbesondere seine Empathie. Studien belegen, dass intensive Nutzung von sozialen Medien unsere Empathie verringert und die Fähigkeit, die Gefühle der Mitmenschen zu lesen.

„Indem wir uns von persönlichen Begegnungen zurückziehen, vernachlässigen wir das beste natürliche Empathietraining der Welt." (Jamil Zaki)

Leider offenbaren sich diese desaströsen Effekte schon bei Kindern und sogar Kleinkindern. Je mehr Zeit Kleinkinder und Kinder online verbringen, desto geringer ist ihr Mitgefühl, ihre Hilfsbereitschaft und ihre Fähigkeit, die Gefühle anderer Kinder zu verstehen.

Wer ist der schönste Mensch im ganzen Land?

Ein weiterer Grund, warum soziale Medien an unserem Wohlbefinden sägen können: Wir sind dem sozialen Vergleich öffentlich und pausenlos ausgesetzt. Unsere Beliebtheit, aber eben auch das gähnende Desinteresse an uns werden öffentlich vor aller Augen zelebriert.

„Anerkennung und Missbilligung sind keine abstrakten Ideen mehr. Sie sind sichtbare, zurückzuverfolgende Ströme im Netz, wo alles, was wir posten, Reaktionen hervorruft. Es ist pervers einfach, unseren globalen Stellenwert zu ermitteln; was bin ich als Mensch wert? Kommentare und Likes verraten es mir." (Kae Tempest)

Sogar schon neunjährige Kinder machen sich heute große Sorgen, ob ihr Online-Image der Welt gefällt...

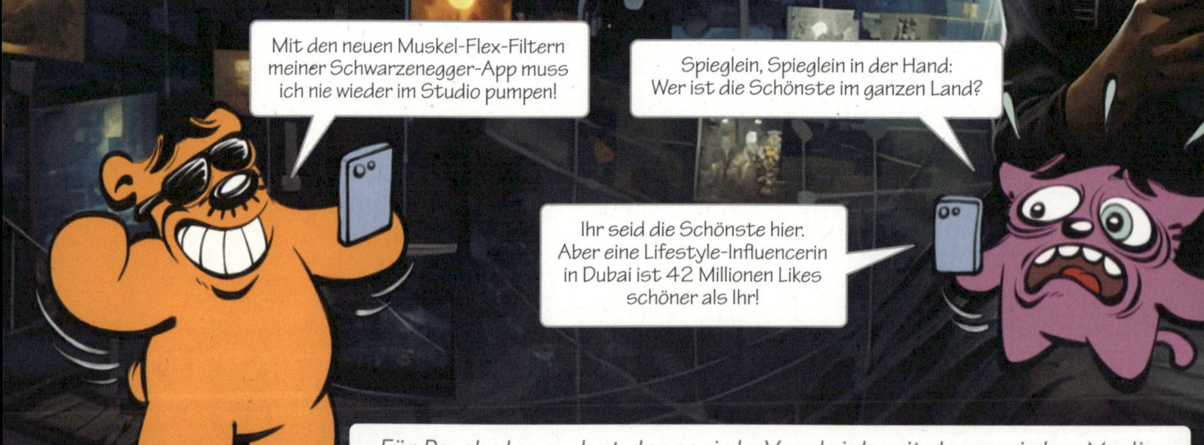

„Für Psychologen hat der soziale Vergleich mit den sozialen Medien tsunamihafte Ausmaße angenommen." (Shoshana Zuboff)

Programmierte Sucht

Facebook ist nicht nur schädlich für Dein Wohlbefinden. Es hat auch das Potenzial, Deinen Tag zu versauen. (Und da Instagram den gleichen Besitzer hat …) Die Wissenschaftler von Facebook haben bestätigt, dass sie Experimente mit unwissenden Nutzern durchgeführt haben, um beispielsweise herauszufinden, ob ein Newsfeed mit haufenweise deprimierenden Nachrichten Deine Laune verdirbt. Überraschung: Ja, er tut es! Ja, er hat in der realen Welt die Laune zahlloser Menschen belastet. Und obwohl eine Reihe von Studien belegt, dass sich Menschen – auch unabhängig von diesen Experimenten – durch die Nutzung sozialer Medien schlechter fühlen, swipen wir munter weiter durch unsere Filter-Bubbles. In der Hoffnung, uns besser zu fühlen. Warum?

„Wenn wir uns ‚süchtig nach unseren Handy' fühlen, ist das keine persönliche Schwäche. Wir zeigen eine vorhersehbare Reaktion auf ein perfekt ausgeführtes Design." (Sherry Turkle)

Wir bemerken das kaum, weil clevere Apps wie gute Zauberer arbeiten. Die große Kunst der Magier ist es ja, Deinen Blick, Deine Aufmerksamkeit zu steuern, ohne dass Du es merkst. Die Münze ist nicht wirklich verschwunden, Deine Aufmerksamkeit war nur ganz kurz woanders, als der Zauberer sie versteckt hat…

*„Wir müssen Dir sozusagen ab und zu einen kleinen Dopamin-Kick verpassen, weil jemand ein Foto oder ein Posting oder sonst was geliked oder kommentiert hat. (…) Das ist eine Feedbackschleife für soziale Anerkennung (…). Genau das, was ein Hacker wie ich sich ausdenken würde, weil man damit eine Schwachstelle der menschlichen Psyche ausnutzt. (…)
Die Erfinder, die Urheber – Leute wie ich, Mark (Zuckerberg), Kevin Systrom von Instagram, all diese Leute – haben das auf einer ganz bewussten Ebene verstanden. Und wir haben es trotzdem gemacht. (…) Es verändert buchstäblich Deine Beziehungen zur Gesellschaft und untereinander. (…)
Wer weiß, was es mit den Gehirnen unserer Kinder anstellt."
(Sean Parker, ehemaliger Präsident von Facebook)*

Passend, dass ein Start-up mit dem sprechenden Namen „Dopamine Lab" (jetzt „Boundless Mind") seinen Kunden verspricht, „Dopamine makes your app addictive" (deutsch: Dopamin weckt das Suchtpotenzial Ihrer App).

Digital Detox

In einer groß angelegten Studie wurden Menschen dafür bezahlt, Facebook für einen Monat zu deaktivieren. Und? Das Ende der Welt? Ein sprunghafter Anstieg von Selbstmorden? Flüchten zu anderen sozialen Medien? Nein, gezwungen eine Detox-Kur einzulegen, trafen sich die Menschen stattdessen deutlich häufiger mit Freunden und Bekannten in der realen Welt, fühlten sich glücklicher und – Achtung, Überraschung – sie langweilten sich weniger! Als die Facebook-Diät wieder aufgehoben wurde, kehrten diejenigen, die einen Monat abstinent gelebt hatten, nur langsam zu ihrer Gewohnheit zurück und verbrachten auch dann noch deutlich weniger Zeit auf der Plattform.

Die Ergebnisse verschiedener Studien deuten darauf hin, dass die sozialen Medien die Einsamkeit erhöhen. Denn wir fühlen uns besser, wenn wir die Zeiten in der digitalen Welt reduzieren (und damit ist obige Frage beantwortet). Die Begrenzung der Nutzung sozialer Medien auf eine halbe Stunde am Tag zum Beispiel, führt mit hoher Sicherheit zu einer deutlichen Verbesserung des Wohlbefindens. Das Löschen von Facebook ist sogar bis zu 40 Prozent so effektiv wie die Teilnahme an einer Therapie.

Protopischer Nebeneffekt: Nach nur fünf Tagen ohne soziale Medien konnten Probanden die Gefühle ihrer Mitmenschen auch deutlich besser lesen. Für alle anderen sozialen Medien dürfte das ebenso gelten. Lust auf einen Selbsttest?

Protopische Erkenntnis

Soziale Medien erhöhen Depressionen und Einsamkeit. Kein Wunder: Denn der Mensch ist ein soziales Wesen. Wenn Du mit Menschen wirklich verbunden sein willst, triff Dich mit ihnen im Real Life und feiert einen Digital Detox Day!

Kann das Erleben von Natur Depressionen lindern?

Naturerfahrung lindert Depressionen.

Natur erleben ist ein weiteres Wundermittel! Ein langer Waldspaziergang oder den Ausblick auf Berge genießen und tief durchatmen. Wunderbar! (Und wenn Du sogar einen magischen Augenblick der Ehrfurcht dabei erlebst oder erleben willst, kannst Du gerne mal die Aussicht beim QR-Code bewundern.)

Naturerfahrung senkt generell Stress. Und sie steigert sogar unsere Empathiefähigkeit! (Also, der gegenteilige Effekt von Multitasking, Handy und sozialen Medien.) Es gibt auch zahllose wissenschaftliche Belege für die positive Wirkung von Naturerfahrung auf unsere körperliche Gesundheit und unser grundsätzliches Wohlbefinden.

Beispiel: Wenn Gefängnisinsassen aus ihren Zellenfenstern aufs Grüne schauen können, sind physische oder psychische Erkrankungen um ein Viertel seltener. Und auch während der Lockdowns half der Blick in die Natur.

An einem Ort zu leben, an dem es nur ein Prozent mehr Grünflächen gibt, verbessert unsere Gesundheit sogar so nachhaltig, als ob wir ein ganzes Jahr jünger wären! (Okay, diese frohe Botschaft richtet sich jetzt eher an die etwas älteren Baujahre unter den Lesern.)

Also, wie schaut's? Hast Du Lust, nach dem Kapitel das Buch einzupacken und einen Abstecher ins Grüne zu machen?

Und das Gemüt?

Das Erleben von Natur hat auch eine erstaunlich positive Wirkung bei Depressionen. Die Naturerfahrung als Mittel gegen Depression braucht nicht einmal den Vergleich zu anerkannten Medikamenten zu scheuen:

„Wenn es ein Medikament gäbe, für das die vorläufigen Ergebnisse eine solche Wirksamkeit zeigen, würden wir uns mit der Erforschung dieses Medikaments befassen." (Howard Frumkin)

Aber die Pharmaindustrie kann einen Waldspaziergang schlecht vermarkten!

Ein einfacher Vergleich: Menschen, die aus grünen Gegenden an weniger grüne Orte umziehen, leiden öfter unter Depressionen. Und Menschen, die ins Grüne ziehen? Sie zeigen einen klaren Rückgang von Depressionen. Sie sind zudem glücklicher und zufriedener mit ihrem Leben. Diese Besserung hält mindestens drei Jahre an! Das Erleben der Natur senkt auch nachweislich Aggressivität, Gewalt und Kriminalität. Die Begrünung der Städte sollte also Teil jeder Verbrechensprävention sein!

Unsere Verbindung zur Natur wiederzufinden, ist auch aus einem weiteren Grund wichtig. Denn in dem Maße, wie wir unsere Verbindung mit der Natur verlieren, verlieren wir auch unsere Verbindung zu unseren Mitmenschen.

„Fast alle Tiere geraten in Not, wenn ihnen die Landschaft vorenthalten wird, für die sie sich entwickelt haben. Ein Frosch kann an Land leben – er wird sich nur verdammt elend fühlen und aufgeben. Warum sollte der Mensch die einzige Ausnahme von dieser Regel sein?" (Johann Hari)

Protopische Erkenntnis

Natur ist ein extrem wirksames und nebenwirkungsfreies Medikament gegen Depressionen. Sie stärkt auch unsere Gesundheit! Auf in den Wald!

Fazit Teil 7: Moderne Welt

Jetzt braucht es vielleicht einen schönen Aussichtspunkt in der Natur, um die Erkenntnisse der vielen Etappen in der modernen Welt Revue passieren zu lassen:

- Ein erfolgreicher Chef ist nicht nur kompetent, sondern auch mitmenschlich. Prosoziale Fähigkeiten waren bei Jäger-und-Sammler-Gesellschaften für einen Anführer entscheidende Qualitäten.
- Reichere Menschen sind im Durchschnitt weniger mitfühlend und können die Gefühle ihrer Mitmenschen schlechter lesen.
- Eine harte Erziehung wirkt sich negativ auf unsere Kinder aus. Die grundlegende Überzeugung, ein Baby sei von Natur aus egoistisch, ist ein Mythos.
- Multitasking wirkt wie eine Droge und senkt Produktivität, Aufmerksamkeit und Wohlbefinden.
- Smartphones zersetzen unsere Aufmerksamkeit, unsere Verbundenheit und unsere Empathie.
- Soziale Medien fördern Depressionen und Einsamkeit.
- Naturerfahrung ist ein wirksames Mittel gegen Depressionen und hilft auch unserer Gesundheit.

„Es gibt einen besonders wichtigen Grund, warum wir heute eine ‚Aufmerksamkeits-Rebellion' brauchen. Er ist eindeutig. Noch nie haben wir Menschen unsere Fähigkeit, uns zu konzentrieren – unsere Superkraft als Spezies – mehr gebraucht als in diesem Moment, denn wir stehen vor einer noch nie da gewesenenen Krise." (Johann Hari)

Teil 8: Mindset

„Mindset" ist ein englischer Ausdruck für Mentalität und bezeichnet eine grundlegende Persönlichkeitseigenschaft, zum Beispiel ein Denk- und Verhaltensmuster.

Wie wirken sich ganz allgemein unser Mindset, unsere Lebenseinstellung und nicht zuletzt unser Menschenbild auf unser Verhalten aus? Und welche Auswirkungen hat das in der Gesellschaft verbreitete Menschenbild auf unser Verhalten?

„Menschenbilder haben ihren Sitz im Leben, sie spielen in unserem Alltag eine kaum zu unterschätzenden Rolle. (...) Menschenbilder bilden das Fundament unseres Weltzuganges, unserer sozialen und politischen Ordnungen, und unseres Menschseins." (Michael Zichy)

Wirkt sich eine materialistische Lebenseinstellung auf Gesundheit und Wohlbefinden aus?

Sie wirkt sich negativ auf Gesundheit und Wohlbefinden aus.

„Money makes the world go round“, „Geiz ist geil“ und „Meins, nicht Deins“! Wir leben in einer Konsumgesellschaft und die materialistische Lebenseinstellung nimmt in den letzten Jahrzehnten eindeutig zu. Lange vergangen sind auch die Zeiten, in denen „Habgier“ noch als Todsünde geächtet war. Heute ist dieser Begriff aus den Fesseln von Religion und Moral befreit und durch den farblosen Begriff des „Eigeninteresses“ in der Wirtschaftswissenschaft ersetzt worden.

„In der wirtschaftlichen Landschaft werden Egoismus und Materialismus nicht mehr als moralische Probleme angesehen, sondern als Hauptziele des Lebens.“ (Richard M. Ryan)

Was für die Wirtschaft eine gute Nachricht ist, ist für uns Menschen kritisch. Denn die Lebenseinstellung hat Auswirkungen auf unsere Gesundheit und unser Wohlbefinden. Und eine materialistische Lebenseinstellung hat nachweislich negative Auswirkungen.

Der Hintergrund: Der Mensch ist ein soziales Wesen und von Natur aus ist sein Streben auf gelingende soziale Beziehungen und Bindungen gerichtet. Im Zentrum der materialistischen Lebenseinstellung steht aber der Wunsch nach Dingen und Besitz. Es liegt also auf der Hand, dass eine materialistische Lebenseinstellung Gift für die menschliche Natur ist.

„Ich wünsche mir, Du würdest lernen, Menschen zu lieben und Dinge zu benutzen und nicht andersherum.“ (Drake)

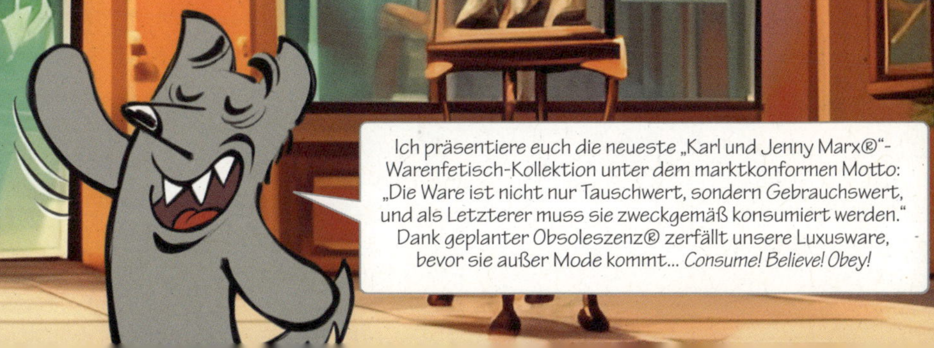

Schattenseiten des Konsums

Viele weitere negative Konsequenzen sind durch zahlreiche Studien belegt:

- Eine materialistische Lebenseinstellung führt zu Stress. Denn Menschen erleben den Konflikt zwischen der Sehnsucht nach menschlicher Nähe und der Lust auf Dinge als einen unauflösbaren Widerspruch.
- Eine materialistische Lebenseinstellung führt zum Rückgang des Vertrauens zwischen den Menschen.
- Eine materialistische Lebenseinstellung steigert die Häufigkeit von Depressionen.

Die Erhöhung des Stresses durch eine materialistische Lebenseinstellung lässt erahnen, dass auch unsere Gesundheit darunter leidet. Eine Metastudie konnte das tatsächlich belegen.

„Vorrangig auf materielle Werte ausgerichtete Menschen (…) sind unglücklicher, ihnen fehlt es an Einfühlungsvermögen, sie haben weniger Freunde und befinden sich in einem schlechteren Gesundheitszustand als diejenigen, die inneren Werten größere Bedeutung beimessen." (Tania Singer)

Frust-Shoppen gegen Shopping-Frust

„Der Materialismus verspricht zwar Glück, erzeugt aber in Wirklichkeit Belastung und Stress. Doch wenn der Materialismus Unglück verursacht, ist es auch so, dass das Unglück den Materialismus ‚verursacht'." (Richard M. Ryan)

Wir leben heute in unserer „Bedarfserweckungsgesellschaft" (Richard David Precht), die nicht mehr nur unsere Bedürfnisse befriedigt, sondern – um immer weiter wachsen und produzieren zu können – auch selbst neue Bedürfnisse erschafft. Diese werden nicht zuletzt durch omnipräsente Werbung erzeugt und ausgebeutet. Deswegen ist ein ganz zentraler Grund für die Unzufriedenheit materialistischer Menschen die sogenannte „Kaufreue" und die hedonistische Tretmühle.

Kennst Du das? Der Einkauf des neuesten Smartphones macht Dich unfassbar glücklich, geradezu euphorisch. Das Highlight des letzten Monats. Ach, des ganzen Jahres! Nach nur einer Woche aber hat die frustrierende Gewöhnung eingesetzt. Da hilft nur eins: schnell was Neues kaufen!

„Die einzige Möglichkeit, ihre Unzufriedenheit zu verbergen, bestand darin, wieder auf die hedonistische Tretmühle aufzuspringen und Geld auszugeben, das sie nicht hatten, um Dinge zu kaufen, die sie nicht brauchten, um Menschen zu beeindrucken, die sie nicht mochten. Sie beteten am Altar des Konsums, und Dinge waren ihr neuer Gott geworden."
(Joshua Fields Millburn und Ryan Nicodemus)

Lust auf eine gute Nachricht? Eine einfache Beeinflussung kann die materialistische Einstellung verändern: Eltern wurde im Rahmen einer Studie geholfen, ihre heranwachsenden Kinder auf prosoziale Lebensziele hin zu orientieren. Die Jugendlichen fühlten sich anschließend besser und spürten ein höheres Selbstwertgefühl.

Aber, hey, weil wir selbst versuchen, keine materialistische Lebenseinstellung zu haben, gibt es in diesem Kapitel ausnahmsweise gleich zwei Ausflüge! Wenn Du also mehr über die hedonistische Tretmühle wissen möchtest oder aber über ein wunderbares Mittel gegen den Materialismus, dann bitte auf zum QR-Code!

Der Mensch hat nämlich einen Ausweg aus der Sackgasse, damit Dinge, die uns gehören, uns nicht eines Tages besitzen. Genügsamkeit ist keine graue und spaßbefreite Askese, sondern schafft Raum für das, was in unserem Leben wirklich zählt: unsere Mitmenschen! Und nebenbei ist sie gesund, fühlt sich gut an und spart Geld für die wichtigen Dinge des Lebens.

„Zivilisation im wahrsten Sinne des Wortes besteht nicht in der Vervielfachung der Bedürfnisse, sondern in der freiwilligen und wohlüberlegten Einschränkung der Wünsche. Das allein führt zu wahrem Glück und Zufriedenheit, und entwickelt zugleich unsere Fähigkeit zu dienen."
(Mahatma Gandhi)

Protopische Erkenntnis

Eine materialistische Lebenseinstellung, die in unserer Konsumgesellschaft so natürlich erscheint, schädigt Gesundheit und Wohlbefinden. Kein Wunder: Sie widerspricht unserer sozialen Natur, die auf unsere Mitmenschen ausgerichtet ist.

Exkurs 7: Glück und Lebenssinn

Was ist Glück?

Philosophen unterscheiden gerne zwei Formen von Glück: Auf der einen Seite das sogenannte „eudaimonische" Glück, auf der anderen das „hedonistische" Glück. Letzteres dürfte allgemein bekannt sein und macht Spaß. Glück bedeutet hier die schnelle, ergebnisorientierte Befriedigung von Lust und Freude. Das eudaimonische Glück hingegen, das man vielleicht am besten mit „Glück durch ein gutes Leben" übersetzen kann und dessen Idee auf den griechischen Philosophen Aristoteles zurückgeht, ist ein sinngeleitetes Glück. Ein Glücksgefühl, welches sich in einem sinnerfüllten Leben einstellt, das nach dem Guten strebt.

Klingt abgehoben? Vielleicht auch nicht:
„Das Leben wird nie durch die Umstände unerträglich, sondern nur durch das Fehlen von Sinn und Zweck." (Viktor Frankl)

Der Psychotherapeut und Holocaust-Überlebende Viktor Frankl hat wie kaum ein anderer Wichtiges über den Sinn des Lebens geschrieben. Deswegen hier gleich ein zweites Zitat von ihm:

„Was der Mensch wirklich will, ist letzten Endes nicht das Glücklichsein, sondern ein Grund zum Glücklichsein." (Viktor Frankl)

Gibt es auf der einen Seite das hedonistische Glück, das durch Konsum und Materialismus im Allgemeinen erlangt wird, existiert auf der anderen Seite eine eudaimonische Lebenseinstellung, die durch Sinnerleben, Verbundenheit und Dankbarkeit erlebt wird. Dem Verwirklichen bedeutender Ziele, dem Streben nach wichtigen Werten und dem Erleben von Sinn.

„Im Grunde sind es doch die Verbindungen mit Menschen, die dem Leben seinen Wert geben." (Wilhelm von Humboldt)

Lebenseinstellung und Glück

Gibt es einen Unterschied, wie sich diese beiden Formen des Glücks auf Wohlbefinden und Gesundheit auswirken?

Einen ersten wichtigen Hinweis offenbaren Befragungen: Hedonistische Menschen empfinden sich nach eigenen Angaben als nur oberflächlich glücklich, während eudaimonische (schwieriges Wort!) Menschen sich zufriedener fühlen und prosozialer verhalten.

„Je mehr Sie glauben, dass Glück eine soziale Angelegenheit ist, desto besser geht es Ihnen." (Johann Hari)

Eine aktuelle Metaanalyse kommt zu einem eindeutigen Ergebnis: *„Ein hohes Maß an Lebenssinn ist mit einem geringeren Risiko für die Gesamtmortalität und kardiovaskuläre (also Herz-Kreislauf betreffende) Ereignisse verbunden."* Das kann auch nicht weiter verwundern, nachdem wir bereits wissen, welche positiven Auswirkungen prosoziales Verhalten und Verbundenheit haben, die ja bei einem sinngeleiteten Leben im Zentrum stehen.

„Wenn du glücklich sein willst, übe dich in Mitgefühl; wenn du willst, dass andere glücklich sind, übe dich in Mitgefühl." (Dalai Lama)

Lebensrisiko und Gene

Als sogenannte Risikogene gelten 53 Gene, die bei chronischen, langfristigen Entzündungen mitwirken. Diese Entzündungsreaktionen bleiben oft unbemerkt, bis sie sich in Form von Krebsleiden, Herzinfarkten, Schlaganfällen und Demenz manifestieren.

Rauchen, Alkohol und Stress aktivieren diese Risikogene. Das dürfte jetzt niemanden wirklich vom Stuhl hauen. Überraschend aber: Neuerdings wurde auch entdeckt, dass eine hedonistische Lebenseinstellung ebenso die Risikogene aktivieren kann beziehungsweise dass eine eudaimonische Lebenseinstellung die Aktivität der Risikogene reduziert. Die Lebenseinstellung hat also einen direkten Einfluss auf unsere Lebenserwartung! (Der neue Forschungszweig, der die Auswirkungen unseres Denkens und Handelns auf die Gene untersucht, wird als „Social Genomics" bezeichnet.) Gene bestimmen also nicht unser Leben mit, sondern sie begünstigen ein menschliches Leben. Denn sie belohnen Menschlichkeit mit Gesundheit.

„Die Entdeckung, dass die innere Grundeinstellung, die ein Mensch gegenüber seinem Leben und seinen Mitmenschen einnimmt, die Aktivität von Genen beeinflusst und sich auf das Erkrankungsrisiko auswirkt, war ein Durchbruch und eine echte Sensation." (Joachim Bauer)

Und wer jetzt immer noch keine Lust hat, seine Lebenseinstellung und seine Vorstellung vom Glück zu überdenken: Ein glücklicher Mensch erhöht bei einem Freund, der in einem Umkreis von circa 1,5 Kilometern lebt, die Wahrscheinlichkeit, dass dieser sich ebenfalls glücklich fühlt, um 25 Prozent. Bei einem direkten Nachbarn liegt dieser Glückswahrscheinlichkeitswert sogar bei einem guten Drittel.

Eine protopische Übung: Mach Dir mal in Ruhe Gedanken, was Du selbst den nächsten Generationen hinterlassen möchtest. Der Gedanke an die eigene Hinterlassenschaft öffnet manchmal sehr spannende Türen zur eigenen Auffassung von Sinn und Glück. Mehr dazu als Ausflugsziel!

„Wer ein Warum hat zu leben, erträgt fast jedes Wie."
(Friedrich Nietzsche)

„Der Sinn des Lebens besteht darin, dem Leben einen Sinn zu geben." (Viktor Frankl)
Und? Was schreibt ihr als Erbe für die nächsten Generationen der Menschheitsfamilie in euren Protopischen Almanach?
Ich halt's mit Oscar Wilde: „Am Ende wird alles gut. Wenn es nicht gut ist, ist es noch nicht das Ende."
„Trau dich, sei mutig!", rät Onkel Seneca... „Kein Übel ist so schlimm, wie die Angst davor."
Meine Ängste sind die Grenzen meines Weltbilds...
Ich widme meine letzte Seite Søren Kierkegaard: „Verstehen kann man das Leben rückwärts; leben muss man es aber vorwärts."
Freie Bahn für Aristoteles: „Der Mensch ist ein nach Zielen strebendes Tier. Sein Leben hat nur Bedeutung, wenn er versucht, etwas zu erreichen und nach seinen Zielen strebt!"

Welche Auswirkung hat unser Mindset auf unser Verhalten?

Menschen, die überzeugt sind, Empathie sei veränderbar wie ein Muskel, sind empathischer.

Die Psychologin Carol Dweck unterscheidet zwei Formen des Mindsets: statisch (wenn man glaubt, Eigenschaften seien in Stein gemeißelt) und dynamisch (wenn man der Meinung ist, Fähigkeiten könnten durch Einsatz und Erfahrung weiterentwickelt werden beziehungsweise verloren gehen).

Die Bedeutung unseres Mindsets für unser Verhalten veranschaulicht ein Experiment: In einem ersten Schritt stellen die Wissenschaftler fest, wie empathisch die Probanden sind und teilen diese dann gleichmäßig in zwei Gruppen auf. Im entscheidenden dritten Schritt wird der einen Gruppe ein Text vorgelegt, der Empathie als unveränderbare Eigenschaft beschreibt (statisches Mindset). Die andere Gruppe liest einen Artikel, der Empathie als eine veränderbare Fähigkeit darstellt (dynamisches Mindset). Nach der Lektüre verhalten sich beide Gruppen unterschiedlich: Menschen, die gelesen hatten, Empathie sei eine veränderbare Fähigkeit, zeigen sich in vielerlei Hinsicht deutlich empathischer als diejenigen, die gelesen haben, Empathie sei eine feste Eigenschaft.

Unser Mindset hat also fundamentale Auswirkungen! (Übrigens: Weiteres über unser Mindset gibt's beim Ausflug zu entdecken.)

Geschickt hat das Experiment damit auch etwas Grundlegendes über das Wesen der Empathie entdeckt:

„Empathie ist weniger eine feste Eigenschaft als vielmehr eine Fähigkeit." (Jamil Zaki)

Lebenswichtiger Muskel

Die Empathiefähigkeit des Menschen ist wie unsere Muskeln. Auch hier gilt: „Use it or lose it!" (deutsch: Benutze sie oder verliere sie!). Und es ist lebenswichtig, diesen Muskel jeden Tag zu trainieren, denn man kann kaum die Bedeutung von Empathie für unser Miteinander in der Gesellschaft überschätzen:

„Empathie liegt praktisch allem zugrunde, was die Gesellschaft ausmacht, wie Vertrauen, Altruismus, Zusammenarbeit, Liebe, Wohltätigkeit. Mangelnde Empathie ist eine der Hauptursachen für die meisten sozialen Probleme – Verbrechen, Gewalt, Krieg, Rassismus, Kindesmissbrauch und Ungerechtigkeit, um nur einige zu nennen." (Bruce Perry und Maia Szalavitz)

Einmal mehr zum Abschluss eine gute Nachricht: Ähnlich wie Altruismus kann Empathie in jedem Lebensalter gelernt und der eingeschlafene Muskel wieder zu neuem Leben erweckt werden. Es sind sogar eine Reihe von Trainingsformen zur Steigerung der Empathie entwickelt worden, die zu mehr prosozialem Hilfeverhalten führen und nach nur zwei Wochen sogar eine Veränderung im Gehirn hinterlassen. (Ein Hoch auf die Neuroplastizität! Näheres zu dem Thema gibt es übrigens beim QR-Code auf S. 34.)

Übrigens:
„Ein ermutigender Beweis ist, dass allein der Glaube daran, dass es möglich ist, die eigene Empathie zu ändern, dazu beiträgt, dass dies geschieht." (Jamil Zaki)

Protopische Erkenntnis

Unser Mindset hat eine existenzielle Bedeutung. Sind wir überzeugt, wir können empathischer sein, dann werden wir tatsächlich auch empathischer. Wir haben die Wahl!

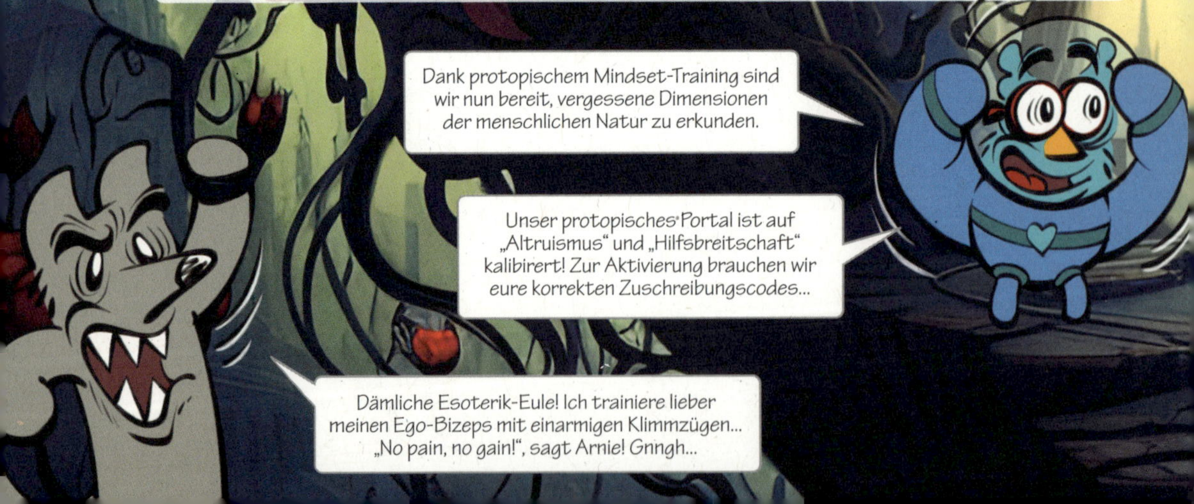

Hat es einen positiven Einfluss auf das Verhalten, wenn man einer Person sagt, sie sei hilfsbereit und altruistisch?

Menschen, die so gelobt werden, verhalten sich hilfsbereiter und altruistischer.

Menschen zu sagen, sie hätten diese oder jene Fähigkeit, bezeichnet man in der Wissenschaft als Zuschreibung oder auch als „Attribution". Die Kraft der Zuschreibung ist beachtlich. Leider sind die naheliegenden Beweise meistens negativer Natur: Erklärt man einem Kind, es sei ein Versager, so steigt die Wahrscheinlichkeit deutlich, dass es in einem anschließenden Test weit unter seinen Möglichkeiten bleibt. (Übrigens: Ein Kind vor eine unlösbare Aufgabe zu stellen, kann sogar eine Spirale des Scheiterns in Gang setzen, denn das Kind versagt anschließend bei Aufgaben, die es eigentlich beherrscht.)

Besonders gefährlich wird die negative Zuschreibung in Form von stereotypen Vorurteilen: Erklärt man einer Schulklasse, dass Mädchen angeblich schlechter in Mathematik seien, zeigen Mädchen anschließend tatsächlich eine deutlich schlechtere Leistung. Ein weiteres Beispiel: Lässt man begabte Afroamerikaner, deren Intelligenz in der Vergangenheit objektiv getestet wurde, einen Aufnahmetest für eine Universität in den USA machen, schneiden sie sehr gut ab. Aber nur, wenn man ihnen nicht erklärt, was das Ziel des Tests ist. Werden sie vorab darüber informiert, sind ihre Leistungen deutlich schlechter. Das stereotype Vorurteil nagt offensichtlich an den Menschen und löst fundamentale Selbstzweifel aus, die wie eine sich selbst erfüllende Prophezeiung wirken.

Gerne kannst Du darüber nachdenken, welchen negativen Einfluss Werbung hat, die uns tagtäglich ein Leben lang zuschreibt, egoistisch, materialistisch und auf Konkurrenz aus zu sein! (Und dass unsere einzige Möglichkeit, unsere Individualität auszudrücken, der Kauf dieser oder jener Massenware von der Stange sei.)

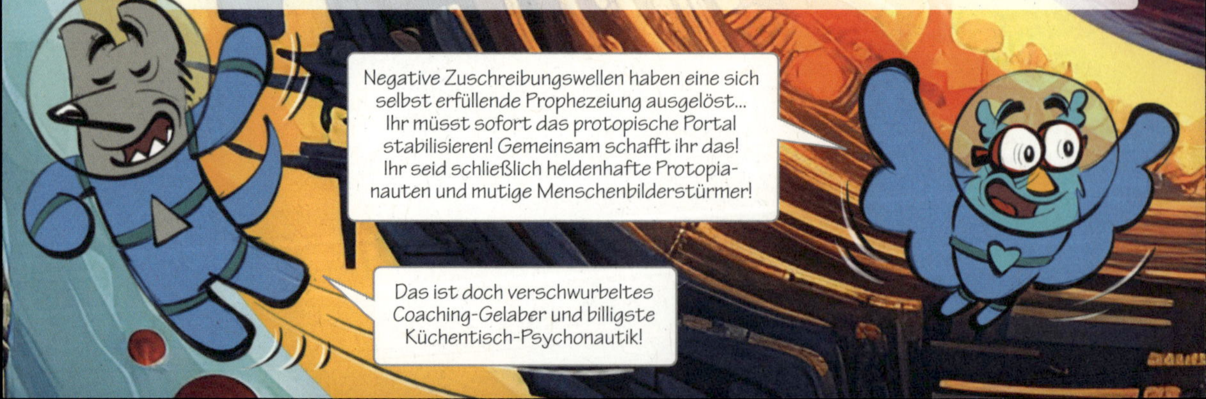

Und das Positive?

Aber nun zur Sonnenseite der Zuschreibung: Wenn man Menschen positive Fähigkeiten zuschreibt, macht es einen ebenso deutlichen Unterschied! Menschen, denen in Experimenten gesagt wird, sie seien am Wohl des Nächsten interessiert, sind danach doppelt so häufig bereit, sich ehrenamtlich zu engagieren. Personen, denen erklärt wird, sie seien großzügig, erweisen sich anschließend eineinhalb Mal spendabler. Menschen, die „altruistisch" genannt werden, zeigen eine doppelt so hohe Hilfsbereitschaft. Übrigens, man kann auch sich selbst positive Zuschreibungen machen: Allein der Vorsatz, sich empathisch zu verhalten, zeigt seine Wirkung!

Am Rande bemerkt: Es gibt noch eine andere, unglaublich einfache Art, den Altruismus der Menschen zu steigern. Denn nur altruistisches Verhalten anderer Menschen in einem Film zu sehen oder davon zu lesen, erhöht den eigenen Altruismus.

Oder um das endlose Status-Wettrennen lahmzulegen: Menschen einfach zu bitten, eine Situation in ihrem Leben aufzuschreiben, in der sie stolz auf sich gewesen sind, verringert den Wunsch, unbedingt eine neue Platin-Kreditkarte besitzen zu müssen.

Die positive Zuschreibung gehört deshalb unbedingt in unseren protopischen Werkzeugkasten. Sie ist ein prosoziales Wundermittel, gerade um eine soziale Ansteckung des Altruismus in Gang zu setzen. Damit diese Welt menschlicher wird, können wir einander (und uns selbst) jeden Tag daran erinnern, dass wir eigentlich hilfsbereite und mitfühlende Menschen sind. Anstatt uns das genaue Gegenteil eintrichtern zu lassen, dass das kapitalistische Menschenbild als Endlosschleife predigt. Also: Just do it!

Protopische Erkenntnis

Menschen einfach zu sagen, dass sie hilfsbereit und prosozial sind, hat einen wunderbar positiven Einfluss auf ihr Verhalten.

Wie wichtig ist Gemeinschaft für Dich? Was denken dazu unsere Mitmenschen?

Die meisten halten Gemeinschaft für wichtig, glauben aber, dass andere diese Einstellung nicht teilen. Sie täuschen sich also über ihre Mitmenschen!

„Die Vorstellungen, die sich die Menschen voneinander machen, sind die Grundlagen der Gesellschaft." (Charles Cooley)

Untersucht man unsere Vorstellungen voneinander, entdeckt man Erstaunliches. Ein Beispiel: In Deutschland kommt eine aufwendige Studie zum Ergebnis, vier von fünf Menschen finden ein Wir-Gefühl wichtig. Die Studienleiterin Jutta Allmendinger erklärt: „Fragt man die Menschen, ob sie es auch den kommenden Generationen ans Herz legen, so ist der Anteil noch höher. Ein Wir zu haben, ist der Kern ihres Vermächtnisses."

Will man aber wissen, wie sie die Einstellung ihrer Mitmenschen einschätzen, wendet sich das Blatt komplett. Nicht einmal ein Drittel glaubt, dass auch die anderen Gemeinschaftsgefühl wichtig finden. Die Menschen täuschen sich also zutiefst über ihre Mitmenschen.

„In ihren Einstellungen ähneln die Menschen einander mehr, als sie selbst denken. Wie aber kann es dann zu solch verzerrten Wahrnehmungen kommen? Unsere Antwort: Es fehlt an Vertrauen." (Jutta Allmendinger und Jan Wetzel)

Tatsächlich haben in Deutschland nur ein knappes Drittel Vertrauen zu ihren Mitmenschen. Und bekanntermaßen sinkt das Vertrauen seit Jahren (→ S. 52). Andere Umfragen in Deutschland bringen weitere Täuschungen in unsere Mitmenschen zu Tage: Menschen nennen als wichtigste Aspekte des Lebens mit deutlichem Abstand prosoziale Aspekte: gute Freunde und enge Beziehungen zu anderen Menschen sowie den Einsatz für die Familie und eine glückliche Partnerschaft.

Aber was die Menschen für das eigene Leben und ihr Zusammenleben so wichtig finden, widerspricht radikal ihrer Einschätzung ihrer Mitmenschen. Denn mehr als 80 Prozent sind überzeugt, dass den meisten in Wirklichkeit völlig gleichgültig ist, was mit ihren Mitmenschen passiert.

Dieses Phänomen, sich in der eigenen felsenfesten Überzeugung, welche Ansicht die Mitmenschen haben, zu täuschen, bezeichnet man in der Wissenschaft als „pluralistische Ignoranz".

„Pluralistische Ignoranz beschreibt den Fall, in dem praktisch jedes Mitglied einer Gruppe oder Gesellschaft eine Überzeugung, Meinung oder Praxis privat ablehnt, aber glaubt, dass praktisch jedes andere Mitglied sie privat akzeptiert. Der Begriff ‚pluralistische Ignoranz' ist etwas irreführend, denn in diesen Fällen sind die Gruppenmitglieder nicht tatsächlich unwissend über die privaten Gefühle der anderen; sie glauben vielmehr, sie wüssten es, irren sich aber." (Deborah A. Prentice und Dale T. Miller)

Unbewusste Täuschung – gravierende Konsequenzen

„Pluralistische Ignoranz" findet sich sehr oft bei zentralen Fragen rund um die Natur des Menschen und ist uns auf unserer Reise auch schon wiederholt begegnet. Ein weiteres Beispiel: Studien belegen, dass Menschen immer wieder massiv den Einfluss von Egoismus auf das Verhalten und die Motivation ihrer Mitmenschen überschätzen. Oder: Eine britische Studie ergab vor wenigen Jahren, dass knapp drei Viertel der Befragten „mehr Wert auf mitfühlende Werte als auf egoistische Werte legen". Unabhängig von Alter, Geschlecht, Religion oder politischer Überzeugung. Die Einschätzung der Befragten über die Haltung ihrer Mitmenschen zeichnete aber einmal mehr ein vollkommen anderes Bild: Mehr als drei Viertel sind sich sicher, „dass ihre Mitbürger egoistische Werte für wichtiger und mitfühlende Werte für weniger wichtig halten, als es tatsächlich der Fall ist".

Die Konsequenzen dieser Fehleinschätzung sind verheerend: *„Menschen, die diese ungenaue Meinung über die Werte anderer Menschen haben, sind auch deutlich weniger bereit, sich zu engagieren – an Versammlungen teilzunehmen, zu wählen, sich ehrenamtlich zu betätigen. Diese Menschen berichten auch über eine größere soziale Entfremdung. Sie geben an, dass sie sich weniger für ihre Gemeinschaft verantwortlich fühlen und dass sie weniger das Gefühl haben, in die Gesellschaft zu passen – im Vergleich zu Bürgern, die eine genauere Vorstellung von den Werten einer typischen britischen Person haben." (The Common Cause UK Values Survey)*

Die meisten wünschen sich eine mitmenschliche Gesellschaft. Die meisten sind sich aber zugleich sicher, dass sie mit ihrem Wunsch allein auf weiter Flur sind und langfristig als Ehrliche die Dummen sein werden.

Leider gibt es noch zahlreiche weitere Beispiele, in denen wir uns über die Wünsche und Motivationen unserer Mitmenschen grundlegend täuschen. Werden Probanden zum Beispiel befragt, ob ihre eigene Bereitschaft für eine prosoziale Handlung von einem finanziellen Anreiz abhängig sei und wie sie den Einfluss eines finanziellen Anreizes auf diese Handlung bei den Menschen einschätzen würden, so ergibt sich ein vielsagender Widerspruch: Auch wenn sich bei den Probanden selbst das Angebot eines finanziellen Anreizes nur gering auf ihre eigene Bereitschaft zu prosozialen Handlungen auswirkt, sind sie insgesamt aber zutiefst davon überzeugt, dass ihre Mitmenschen besonders durch Geld für prosoziale Handlungen zu motivieren seien. Ihre Annahme über die Einstellung der Menschen ist aber grundlegend falsch.

Daraus ergibt sich eine fundamentale Frage: *„Könnte unser negatives Menschenbild auch eine Form der pluralistischen Unwissenheit sein? Unterstellen wir, dass die meisten Menschen egoistisch sind, weil wir davon ausgehen, dass die anderen das Gleiche denken?" (Rutger Bregman)*

Protopische Erkenntnis

Menschen täuschen sich regelmäßig über die eigentlichen Wünsche und Motivationen ihrer Mitmenschen. Altruisten und Kooperationswillige sind überzeugt, sie seien die Ausnahme. Tatsächlich sind sie aber in der unwissenden Mehrheit.

Es ist eine existenzielle Tragödie, dass die große Mehrheit sich in Wirklichkeit nach Altruismus und Kooperation sehnt, aber davon überzeugt ist, mit diesem Wunsch alleine dazustehen, ohne zu bemerken, dass sie sich grundlegend täuschen. Unser Menschenbild hat existenzielle Konsequenzen!

Beeinflusst unsere Überzeugung von der Natur des Menschen unser Verhalten?

Unser Menschenbild beeinflusst unser tägliches Verhalten grundlegend.

„Wenn die Menschen Situationen als wirklich definieren, sind sie in ihren Konsequenzen wirklich." (W. I. Thomas und D. S. Thomas)

So lautet das wichtige „Thomas-Theorem", das die beiden Soziologen vor fast hundert Jahren formulierten. Wir reagieren auf die Realität nicht, wie sie ist, sondern wie wir sie konstruieren. Ein ansprechendes Beispiel hiervon gibt der Wirtschaftswissenschaftler Ernst Fehr: „Wenn der Glaube vorherrscht, dass die anderen kooperieren, dann ist die Kooperation jedes Einzelnen hoch; wenn der Glaube vorherrscht, dass die anderen nicht kooperieren, dann kooperiert tatsächlich keiner."

Soziale Norm

Unser Menschenbild kann nicht nur als pluralistische Ignoranz wirken, sondern auch als sogenannte soziale Norm. Die vermutete Erwartungshaltung unserer Mitmenschen kann sogar solch einen starken Einfluss haben, dass wir uns genau entgegen unserer eigenen Ansicht verhalten, nur um der vermeintlichen Gruppenerwartung zu entsprechen. So kann es vorkommen, dass sich Menschen für ein egoistisches Verhalten entscheiden, obwohl sie lieber altruistisch sein möchten. Aber sie sind davon zutiefst überzeugt, Egoismus würde allgemein erwartet, sei die soziale Norm.

„In den westlichen Kulturen gibt es eine Norm, die besagt, dass das Eigeninteresse eine starke Determinante für das Verhalten ist und sein sollte. Diese Norm beeinflusst die Handlungen und Meinungen der Menschen ebenso wie die Erklärungen, die sie für ihre Handlungen und Meinungen abgeben. Insbesondere verleitet sie die Menschen dazu, so zu handeln und zu sprechen, als ob sie sich mehr um ihr materielles Eigeninteresse kümmern würden, als sie es tatsächlich tun." (Dale Miller)

Eigennutz als neue Normalität?

Aufgrund der sozialen Norm des Eigennutzes erwarten Menschen zum Beispiel, dass sich ihre Mitmenschen nur für Dinge engagieren, die ihrem eigenen Interesse dienen (obwohl das eigentlich oft nicht der Fall ist. Also ein weiteres Beispiel pluralistischer Ignoranz). Diese soziale Norm hat sogar eine solche Wirkung, dass Menschen häufig davon ausgehen, sie würden negativ beurteilt, wenn sie sich für etwas engagieren, das nicht ihrem eigenen Interesse dient (zum Beispiel Menschen, die sich für die Rechte von Flüchtlingen einsetzen wollen). Sie fühlen sich daher wohler, wenn sie sich in Bereichen engagieren, die ihrem eigenen Wohl dienen, und sie kein scheinbares Rechtfertigungsproblem haben.

Tatsächlich ist der Eigennutz als soziale Norm so stark, dass er auch erklärt, warum Gruppen sich meistens egoistischer verhalten, als wenn die Menschen sich für sich entscheiden sollen. Die Gruppe ist egoistischer, weil alle glauben, egoistisches Verhalten werde erwartet.

Das Spannungsfeld zwischen der angenommenen sozialen Norm des Menschenbildes und dem Verhalten des Einzelnen kann zu noch weiteren Konsequenzen führen. So erklären zum Beispiel Menschen in den USA eine eigene altruistische Tat, indem sie sich selbst egoistische Motive unterstellen. In einigen Fällen kann das sogar so weit führen, dass sich die Befragten in unauflösbare Widersprüche verstricken, nur um ja nicht als Altruist dastehen zu müssen.

Eine sich selbst erfüllende Prophezeiung

Aus dem Gesagten folgt fast zwangsläufig, dass die soziale Norm, die das Menschenbild darstellen kann, eine sich selbst erfüllende Prophezeiung ist. Herrscht die Überzeugung, der Mensch sei von Natur aus egoistisch, steigert es die Erwartung, dass sich Menschen generell egoistisch verhalten. Daher wird der Einzelne – quasi präventiv – im Hinblick auf den Egoismus, den er so sicher von seinen Mitmenschen erwartet, selbst als Egoist auftreten, um ja nicht selbst ausgenutzt zu werden. Tragisch: Denn dadurch wird der Mensch, der sich nur präventiv egoistisch verhält, obwohl er eigentlich lieber Altruist wäre, selbst zum sichtbaren Beweis, dass Menschen Egoisten sind und verstärkt damit die Erfahrung, alle seien Egoisten.

Egoismus ist auch ansteckend!

„Es ist die bekannte Tragödie des 21. Jahrhunderts: Die Menschen passen ihr Verhalten dem zynischen, misstrauischen Bild, das Ökonomen von ihnen haben, an. Die Überzeugung, dass ‚jeder Mensch käuflich ist', wird zu einer sich selbst erfüllenden Prophezeiung." (Jonathan Aldred)

Wenn Du mehr über die Gefahr der sich selbst erfüllenden Prophezeiung wissen willst, dann beame Dich zum QR-Code!

Am Schluss hast Du Dir eine gute Nachricht verdient:

Ja, das Bild des egoistischen, materialistischen und konkurrenzorientierten Menschen ist oft eine sich selbst erfüllende Prophezeiung. Aber genauso stark ist natürlich auch die Wirkung des Bildes eines altruistischen, genügsamen und kooperativen Menschen. Der einzige Unterschied: Die Folgen sind deutlich mitmenschlicher! Wäre das nicht einen Versuch wert? Wären das keine protopischen Aussichten?

„O! Hättest du vom Menschen besser stets gedacht, du hättest besser auch gehandelt." (Friedrich von Schiller)

Protopische Erkenntnis

Unser Menschenbild wirkt wie eine soziale Norm und hat existenzielle Bedeutung. Entweder als sich selbst erfüllende Prophezeiung oder als prosoziale Ansteckung. Da kann ein Buch über die Natur des Menschen hoffentlich ein wenig helfen...!

Fazit Teil 8: Mindset

Kurz vor dem Ziel ist es Zeit für einen letzten Rückblick:

- Eine materialistische Lebenseinstellung schädigt Gesundheit und Wohlbefinden.
- Eine eudaimonische Lebenseinstellung, die von der Suche nach Lebenssinn, Verbundenheit und Dankbarkeit geleitet wird, steigert Wohlbefinden und Gesundheit.
- Unser Mindset hat eine existenzielle Bedeutung. Die Überzeugung, Empathie sei trainierbar wie ein Muskel, führt zu einem empathischeren Verhalten.
- Menschen prosoziale Fähigkeiten zuzuschreiben, steigert ihr prosoziales Verhalten.
- Menschen täuschen sich regelmäßig über die eigentlichen Wünsche und Motivationen ihrer Mitmenschen. Sie unterstellen fast immer egoistische Gründe.
- Das Menschenbild ist eine sich selbst erfüllende Prophezeiung, indem es den unterstellten Egoismus oder Altruismus hervorruft.

„Menschenbilder – wenigstens zum Teil – [gleichen] selbsterfüllenden Prophezeiungen: Menschenbilder tragen dazu bei, dass Menschen mit der Zeit das werden, was ihnen ihre Bilder vorgeben." (Michael Zichy)

Am Ende steht der Aufbruch!

„Wir müssen lernen, wie Brüder zusammen zu leben, andernfalls werden wir alle wie Idioten zusammen sterben." (Martin Luther King)

Wir sind am Ende unseres Buches angekommen und es ist Zeit für eine kleine Verschnaufpause, denn die Reise geht noch weiter. Wohin? In das Land der protopischen Möglichkeiten. Noch ein klein wenig Geduld: Es wartet noch eine Überraschung auf Dich!

Jetzt lass uns aber erst einmal tief durchatmen und unsere Reise-Etappen Revue passieren lassen. Wie oft täuschen wir uns über unsere eigene Natur? Über die Einstellungen und Motive unserer Mitmenschen? Wir haben vergessen, wie wichtig Begegnungen, Berührungen, kurz der Mitmensch und das Miteinander für uns sind.

„Menschsein ist ein Mannschaftssport. Allein können wir nicht vollständig menschlich sein. Alles, was uns zusammenbringt, stärkt unsere Menschlichkeit. Und alles, was uns trennt, macht uns weniger menschlich und weniger fähig, unseren individuellen oder kollektiven Willen auszuüben." (Douglas Rushkoff)

Protopisches Potenzial

Eigentlich ist jeder Bereich unseres Lebens von unserem Menschenbild bestimmt. Deswegen können wir die Bedeutung unseres Menschenbildes und der Frage nach der Natur des Menschen gar nicht hoch genug bewerten. Aber eine Beschäftigung mit diesem Schlüsselthema sucht man in der Schule meistens vergeblich. Stell Dir einmal vor, wenn in der Schule gelehrt werden würde, dass egoistisches Verhalten nicht natürlich und der Mensch auf Mitmenschlichkeit eingerichtet ist! Stell Dir vor, Wissenschaft und Forschung würden sich massiv diesen Fragen zuwenden: Was für ein protopisches Potenzial hätte das!

„Solange die Probleme einer Umformung der Gesellschaft nicht wenigstens annähernd den Platz in den Köpfen unserer Wissenschaftler einnehmen, den die Naturwissenschaften und die Technik innehaben, und solange deshalb die Wissenschaft vom Menschen nicht die Anziehung hat, die der Naturwissenschaft und Technik bisher vorbehalten waren, werden Kraft und Vision mangeln, neue und reale Alternativen zu sehen." (Erich Fromm)

Unsere Wirtschaft basiert selbstverständlich ebenfalls auf einem Menschenbild. Das wusste schon die frühere britische Premierministerin Margaret Thatcher, die die neoliberale Wende nach Europa brachte: „Die Wirtschaft ist die Methode; das Ziel ist es, das Herz und die Seele zu verändern."

Politik für die Menschheitsfamilie

„Was ist die Regierung anderes als die größte aller Reflexionen über die menschliche Natur?" (James Madison, Gründungsvater und Präsident der USA)

Unser Menschenbild bestimmt auch unsere politischen und gesellschaftlichen Institutionen. Die Institutionen prägen mit, welches Verhalten in einer Gesellschaft erwartet und belohnt wird. Wenn Du Lust hast, überleg Dir mal, welche Institutionen Dir einfallen, die nach dem Bild des egoistischen Menschen eingerichtet sind!

„Die begeisterte Annahme der modernen westlichen Gesellschaft, dass das Eigeninteresse einfach das sei, was das menschliche Verhalten motiviert, hat uns dazu gebracht, soziale Strukturen zu schaffen, die dem Eigeninteresse dienen. Infolgedessen haben wir eine Gesellschaft geformt, in der die Annahme, dass der Eigennutz dominiert, häufig zutrifft. Wir haben nicht so sehr die Macht des Eigeninteresses entdeckt, sondern die Macht des Eigeninteresses geschaffen." (Barry Schwartz)

Protopischer Widerstand

Gerade weil unsere Wirtschaft und unsere Institutionen eher auf diesem egoistischen Menschenbild aufbauen und wir in der Schule nicht das nötige Wissen als Gegengift bekommen, ist die Gefahr einer sich selbst erfüllenden Prophezeiung so extrem.

Der notwendige Widerstand dagegen beginnt im eigenen Verhalten. Denn zu versuchen, eher entsprechend der Natur des Menschen zu leben, schenkt Dir ein wunderbares Spektrum an protopischen Veränderungsmöglichkeiten. Es ist der beste Weg, das Ansteckungspotenzial Deines Verhaltens zu nutzen, um eine Altruismus- und Kooperationswelle auszulösen und pluralistische Ignoranz zu beenden! Protopia at its best!

Bei genauer Betrachtung entpuppt sich das Wissen über die Natur des Menschen als eine radikale Idee:

„Es ist eine Idee, die Machthabern seit Jahrhunderten Angst einjagt, gegen die sich unzählige Religionen und Ideologien gewandt haben. Über die die Medien eher selten berichten, deren Geschichte durch eine unaufhörliche Verneinung geprägt zu sein scheint. Gleichzeitig ist es eine Idee, die von nahezu allen Wissenschaftsbereichen untermauert, die von der Evolution erhärtet und im Alltag bestätigt wird. Eine Idee, die so eng mit der menschlichen Natur verknüpft ist, dass sie kaum auffällt.
Wenn wir den Mut hätten, sie ernst zu nehmen, würde sich herausstellen: Diese Idee könnte eine Revolution entfesseln. Die Gesellschaft auf den Kopf stellen. Wenn sie tatsächlich in unsere Köpfe vordränge, wäre sie vergleichbar mit einer lebensverändernden Medizin, nach deren Einnahme man nie mehr in der gleichen Art und Weise auf die Welt blickt.
Worin besteht diese Idee? Dass die meisten Menschen im Grunde gut sind."
(Rutger Bregman)

Dem Kolibri folgen

Protopische Veränderung kann einfach sein, Spaß machen und ein schönes Erlebnis für unsere Mitmenschen sein. Ein Beispiel: Allison Owen-Jones fiel in ihrer Heimatstadt Cardiff ein älterer Herr auf, der allein auf einer Parkbank saß, während 40 Minuten lang die Menschen an ihm vorbeigingen, ohne ihn zu beachten. Dann hatte sie eine spontane Idee: Sie brachte an die Bank ein Schild an. Darauf stand: „Happy-to-Chat-Bank. Setz Dich hierhin, wenn Du angesprochen werden willst." Die Aktion war so erfolgreich, dass eine Reihe weiterer Bänke in Cardiff zu „Happy-to-Chat-Bänken" wurden. Menschen sind nun nicht mehr unsichtbar, werden beachtet und die Banken schenken Begegnungen. Menschliche Begegnungen.

Vielleicht fragst Du Dich aber gerade: „Und? Was soll das bringen? Was soll dieser idealistische, humanistische Kram, wenn nur ein paar verlorene Leser dieses netten Buches mitmachen?" Dann ist das für Dich:

„Eines Tages brach in einem Wald ein entsetzliches Feuer aus. Alle Tiere waren panisch und verängstigt, beobachteten ohnmächtig die fortschreitende Zerstörung. Einzig der kleine Kolibri handelte und flog, um ein paar Tropfen Wasser zu suchen, die er in die Flammen fallen ließ. Dann sagte ihm Gürteltier, das von der lächerlichen Hektik entnervt war: ‚Kolibri! Bist Du verrückt? Du kannst dieses Feuer nicht mit ein paar Tropfen Wasser löschen!' Der Kolibri antworte: ‚Ich weiß, aber ich leiste meinen Beitrag!'"
(Eine Legende von Ureinwohnern Nordamerikas)

Die Geschichte ist zu pathetisch für Dich?

Du bist weiterhin skeptisch und fragst Dich, wie viele Menschen ihr Verhalten wohl ändern müssen, damit wirklich eine Veränderung entsteht? Ist Deine Veränderung wirklich nur ein Tropfen auf den heißen Stein? Dann hilft Dir vielleicht ein Blick auf die Wirklichkeit: Wusstest Du, dass gewaltloser Widerstand in der Geschichte deutlich erfolgreicher war und ist, als ein Widerstand, der auf Gewalt setzt? Und für einen erfolgreichen Widerstand reicht aus, dass sich nur 3,5 Prozent der Menschen aktiv für ihn einsetzen!

Das ist zwar eine Studie über Widerstandsbewegungen, die sich gegen nichtdemokratische Regierungen gerichtet haben. Aber es gibt Dir schon mal eine Idee, dass es viel weniger Menschen braucht, um eine konkrete Veränderung zu erzielen, als man eigentlich denkt.

Eine andere Studie kann zeigen, dass rund 60 Prozent der Menschen sich normalerweise den allgemeinen Trends und der herrschenden Meinung anschließen. „Mitläufer" können nerven und sogar gefährlich sein, aber sie können auch Teil der Lösung werden. Denn gut 20 Prozent der Menschen sind im Alltag klare Altruisten. Wenn sie ihren Altruismus konkret leben, ist die Wahrscheinlichkeit extrem hoch, dass sich die schlafende Menge ihnen anschließt und sie gemeinsam eine grundlegende Veränderung erreichen.

Du erinnerst Dich an die protopischen Kettenreaktionen? Wenn wir altruistisch handeln und kooperieren, sind die Wirkungen unserer Tat noch bis ins dritte Glied unseres sozialen Netzwerks spürbar! Also, die Freundin des Freundes des Menschen, dem wir geholfen haben, wird auch erreicht. Und das ist schon der halbe Weg, denn jeder Mensch ist in unserem globalen Dorf über nur sechs Stufen mit jedem anderen Menschen verbunden. Deine Einstellung und Dein Verhalten zu ändern, ist damit eine wunderbare Erfahrung von Selbstwirksamkeit!

„Was wäre, wenn der Glaube jedes Einzelnen an sich selbst innerhalb eines sozialen Umfelds oder einer bestimmten Gruppe verallgemeinert würde, sodass jeder in dieser Gruppe an die Gutmütigkeit aller anderen glaubt? Dies könnte zu einem altruistischen ‚Multiplikatoreffekt' führen (…). Anstelle einer Masse schlechter Menschen, von denen jeder den anderen dazu bringt, sich noch schlechter zu verhalten, würden Gruppen von guten Menschen die besten Neigungen der anderen synergetisch verstärken." (Donald Pfaff)

Imagine!

Vielleicht bleiben einigen von Euch noch Zweifel, ob das wirklich alles im Buch so stimmt oder ob das nicht eher wie eine von der Regierung organisierte Reise durch Nordkorea war, wo man nur das zu sehen bekommen soll, was genehm ist. Nun, dann haben wir noch etwas für Euch:

„‚In uns findet ein unerbittlicher Kampf statt', sagte der Großvater zu seinem Enkel, ‚ein Kampf zwischen zwei Wölfen. Der eine ist böse – er ist der Hass, Gier, Arroganz, Neid, Groll, Egoismus und Lüge. Der andere ist gut – er ist die Liebe, Geduld, Großmut, Demut, Vergebung, Wohlgesonnenheit und Aufrichtigkeit. Diese beiden Wölfe kämpfen miteinander, in dir wie in allen Menschen.' Das Kind dachte einen Moment nach, bevor es fragte: ‚Welcher der beiden Wölfe wird denn gewinnen?' ‚Derjenige, den Du fütterst', antwortete der Großvater." (Eine Geschichte der Cherokee)

Die Cherokee haben offensichtlich etwas Entscheidendes verstanden, ohne dafür Hunderte von Studien durchforsten zu müssen: Das Menschenbild, das wir für natürlich halten, hat extreme Auswirkungen auf uns und unser Leben. Denn nicht zuletzt: Unser Verhalten ist ansteckend. Jeden Tag. Überall. Selbst wenn Du glauben solltest, dass das mit der Natur des Menschen bestimmt viel komplizierter ist, und man das mit der prosozialen Natur des Menschen gar nicht so sagen kann.

Die entscheidende Frage ist doch ganz einfach: Auf welches Menschenbild willst Du setzen? Welches Menschenbild soll Dein Verhalten lenken? Welches Menschenbild soll Deine Erwartungshaltung bestimmen? Welche Kettenreaktion willst Du auslösen? Welchen Wolf willst Du füttern? Den Altruisten oder den Egoisten? Den Kooperativen oder den Kompetitiven? Den Genügsamen oder den Habgierigen? Kurz: In der Welt welchen Menschenbildes möchtest Du leben?

Stell Dir vor, was alles möglich und nötig wäre...

„Wir brauchen tiefer greifende Veränderungen. Wirtschaftssysteme werden von Menschen geschaffen: Jede Institution der Wirtschaft und jedes Wirtschaftsprogramm ist eine menschliche Erfindung – angefangen von Banken und Unternehmen bis hin zu Arbeits- und Sozialversicherungen. Die Spielregeln der Ökonomie, die wir als naturgegeben hinnehmen, sind menschliche Erfindungen. Wir müssen entscheiden, welche dieser Regeln wir beibehalten und welche wir ändern wollen. Und wir müssen neue Regeln für die Wirtschaft erfinden, die unseren authentischen menschlichen Bedürfnissen entsprechen." (Riane Eisler und Douglas Fry)

Und jetzt die Überraschung:

Unsere gemeinsame Reise ist noch nicht zu Ende. Wie versprochen. Auf unserer Webseite geht es weiter. Mit unregelmäßigen Updates (neuen Fundstücken, spannenden Videos, erhellenden Zitaten und weiteren Ausflügen). Als Anfang gibt es einen Kurztrip zum sogenannten „grausamen Optimismus", den wir Dir gerne ans Herz legen!

Hier zum Schluss eine letzte protopische Übung: Was denkst Du – welches Menschenbild soll die Richtschnur für unser Verhalten, für Gesellschaft, Politik und Wirtschaft sein?

„Sei die Veränderung, die Du in der Welt sehen willst." (Mahatma Gandhi)

Literaturverzeichnis und Dank

Die Schaffung eines Buches über die Kunst der Kooperation gleicht einem Tanz, der nur im Dialog vollführt werden kann. Unserem herausragenden Lektorat gebührt ein Ozean des Dankes: Claudia Sabic, Yuki Tochigi, Viviane Richarz und Chiara Grima de la Cruz haben haben mit feinem Gespür Andreas Texte vor den Fehler-Klippen bewahrt, mit kreativen Windstößen angereichert und durch konstruktive Kritik zu neuen Denkhorizonten geführt. Euer Scharfblick und Eure klugen Worte waren unser Leuchtturm in der Nacht.
Die Transformation von Tausenden von Georgs digitalen Kreationen in ein meisterhaftes Layout und schlussendlich in Buchform hätte ohne die protopischen Navigationskünste von Robert Schumann und Kathrin Wedler nie Wirklichkeit werden können – dafür unseren tiefsten Dank an Buchgut.
Johannes Bröckers, Dein Ideenreichtum und Deine Verbesserungsvorschläge waren der Wind unter unseren Flügeln.
Ein herzliches Dankeschön segelt zum internationalen Comic-Seminar in Erlangen und zu allen Künstlerinnen und Künstlern, deren Talent und Feedback unseren protopischen Visionen Leben eingehaucht haben.
Der beherzte Einsatz von Stephan Probst, Julia Wutschke und dem Team der Drive-Agentur hat unseren Endspurt zu einem Siegeslauf gemacht – pannenfrei und mit Stil.
Ein besonderes Lob und Dank gebühren Markus Karsten und dem Westend Verlag, die dieses außergewöhnliche Projekt innerhalb kürzester Zeit ins Herz geschlossen haben. Euer Glaube an uns war das fehlende Puzzleteil auf unserer Reise.
Und wie könnte ein Buch über Kooperation anders entstehen, als durch die Hände zweier Seelen, die im Takt des gemeinsamen Schaffens schwingen? An dieser Stelle ein Hymnus des Dankes an uns beide für die unzähligen Stunden, die wir Seite an Seite marschiert sind. Georg, Deine wertvollen Einsichten, Themenimpulse und strukturellen Vorschläge waren das Fundament unseres Schaffens. Andreas, obwohl die Gabe der Zeichnung eine Generation zu überspringen scheint, hast Du die Kunst des Lobens perfektioniert und mit Deinem unermüdlichen Enthusiasmus beflügelt. Ein Hoch auf uns!

Und am wichtigsten: Dir, liebe Leserin und lieber Leser, gebührt unser Dank. Ohne Dein Interesse, Deine Neugier und Dein Verlangen nach Erkenntnis würde dieses Buch nicht existieren. Du bist der wahre Held dieser Geschichte!

„Es ist nicht die Freude, die uns dankbar macht;
es ist die Dankbarkeit, die uns froh macht."
(David Steindl-Rast)

Hey Leute, mit meinem protopischen Bleistift habe ich nicht nur unser Portal nach Hause erschaffen! Es ist auch ein Tor, durch das wir unsere Geschichten und Erkenntnisse teilen können...
Niemand wird uns glauben! Man wird uns als naive Gutmenschen und lästige Menschenbilderstürmer diffamieren...
Aber wir können alles belegen! Ich hab auf unserer Reise mehr als 800 interessante Fußnoten in meinem Protopischen Almanach gesammelt...
Hmm... Joachim Bauer, Dan Ariely, Sue Gerhardt, Johann Hari, Matthew Lieberman, Sherry Turkle, Rutger Bregman, David Graeber, Dacher Keltner, Riane Eisler, Robert Sapolsky, Michael Tomasello... Habt ihr irgendwo Charles Darwins Erstausgabe von „Die Abstammung des Menschen" gesehen...?
Keine Sorge, alle unsere Quellen, Autoren und Zitate haben wir übersichtlich auf unserer Webseite gesammelt. Ein Schatz, der auf Entdeckung wartet! Und das ist erst der Anfang – unsere Reise und das Teilen unserer Erkenntnisse geht weiter...

„Zweifle nie daran, dass eine kleine Gruppe engagierter Menschen die Welt verändern kann – tatsächlich ist dies die einzige Art und Weise, in der die Welt jemals verändert wurde." (Margaret Mead)

Diese Reise hat uns gezeigt, dass Veränderung bei unserem Menschenbild beginnt und bei jedem Einzelnen – bei Dir, bei mir, bei uns allen. Scann Dich auf unsere protopische Webseite und sei Teil dieser Bewegung. Als Menschheitsfamilie können wir unsere Welt nicht nur neu zeichnen, sondern auch neu gestalten. Für Protopia!

„Das machtvollste Werkzeug (…) ist der Bleistift. Denn mit einem Bleistift kann man die Welt neu zeichnen."
(Kate Raworth)

Mehr über unsere Autoren und Bücher: **www.westendverlag.de**
Die Deutsche Nationalbibliothek verzeichnet diese Publikation in der Deutschen Nationalbibliografie; detaillierte bibliografische Daten sind im Internet über http://dnb.d-nb.de abrufbar. Für Teile der Hintergrundcollagen wurden KI-Tools genutzt (Midjourney, Photoshop Firefly).
ISBN 978-3-86489-375-9

Layout: Georg von Westphalen nach einem Konzept von Buchgut, Berlin
Reinzeichnung und Support: Julia Wutschke, Drive, Hannover
Druck und Bindung: Friedrich Pustet GmbH & Co. KG, Gutenbergstr. 8, 93051 Regensburg; Printed in Germany